Inka Hammond

Frieden atmen

Ein Andachtsbuch für Körper und Geist

Inka Hammond

FRIEDEN *atmen*

Ein Andachtsbuch für Körper und Geist

MIX
Papier | Fördert gute Waldnutzung
FSC® C018236

2. Auflage 2025

Max-Eyth-Straße 41 · 71088 Holzgerlingen
Internet: brockhaus-verlag.de

Gesamtgestaltung: Olaf Johannson, www.spoondesign.de
Titelbild: masalskaya, Shutterstock.com
Fotos: Unsplash.com, Shutterstock.com; Illustrationen: Shutterstock.com
Druck und Bindung: Dimograf
Gedruckt in Polen
ISBN 978-3-417-00046-7
Bestell-Nr. 227.000.046

Inhalt

Herzlich willkommen …

… zu diesem etwas anderen Andachtsbuch. Ein Andachtsbuch, das du auch mit in die Küche nehmen kannst und das dich sogar vor den Badezimmerspiegel begleitet. Ich habe in den letzten Jahren etwas gelernt: Wir brauchen *Ganzheitlichkeit*! Gottes Frieden in jedem Moment unseres Alltags. Wir brauchen ihn in den kleinsten Aufgaben, wir brauchen ihn immer. Und wenn wir Gott einladen in die Küche, das Badezimmer, das Schlafzimmer, wird jeder Raum ein heiliger Ort.

Wir sind wunderbar geschaffene Wesen, die aus einem sehr sensiblen Dreiklang bestehen, nämlich Körper, Seele und Geist. Als Christen fokussieren wir uns sehr auf den Geist – was absolut richtig und wichtig ist. Aber oft tendieren wir dazu, unseren Körper und unsere Seele außer Acht zu lassen. Auf Dauer kommen wir so in ein Ungleichgewicht. Das kann sich unterschiedlich äußern: Schwierigkeiten, Emotionen zuzulassen oder zu empfinden, Empathielosigkeit, Vernachlässigung eigener Bedürfnisse, innere Unruhe usw.

Ich möchte mit diesem Andachtsbuch eine neue und doch alte Form von Gottesbegegnung anstoßen. Einen ganzheitlichen Rahmen schaffen, in dem wir Gott mit allen Sinnen genießen können. Vielleicht ist das ein oder andere dir fremd – ich lade dich ein, dich unvoreingenommen und neugierig auf alles einzulassen.

Was bedeutet *Ganzheitlichkeit* in diesem Buch? Es ist ein Versuch, uns als ganzen Menschen wahrzunehmen und unsere gottgegebenen Sinne auf teilweise neuen Wegen auf Gott auszurichten. Hast du Gott schon einmal gesehen? Oder geschmeckt? Sein Wort sagt: „Schmeckt und seht, dass der Herr gut ist" (Psalm 34,9). Ist dir Gott schon mal begegnet, als du ein leckeres Stück Kuchen genossen hast oder beim Brotbacken? Gott ist überall und er möchte uns überall begegnen. Auch auf überraschende Art und Weise. Er lässt sich in keine Schublade stecken – er ist in jedem Stein, in jeder Pflanze, in jedem Blatt.

„Frag die Tiere, sie werden dich lehren. Frag die Vögel am Himmel, sie verraten es dir. Richte deine Gedanken auf die Erde, sie wird dich unterweisen. Auch die Fische im Meer werden es dir erzählen. Sie alle wissen, dass der Herr sie geschaffen hat. Denn das Leben eines jeden Geschöpfes und der Atem jedes Menschen liegt in seiner Hand" (Hiob 12,7-10).

Das ist meine Einladung mit diesem Buch: Lass dich auf diese Reise ein. Begegne Gott ganz neu! Werde innerlich lebendig und hoffnungsfroh. Verbinde dich neu mit dir selbst, lerne dich anzunehmen und empfange die wunderbare Liebe Gottes, die alle Furcht vertreibt. Komm ins Nachdenken, hinterfrage bisherige Überzeugungen, öffne dein Herz und erlaube dem Heiligen Geist in dir zu arbeiten. Da darf Neues keimen und wachsen und durchbrechen. Bist du bereit?

Dieses Buch kann dich jeden Monat neu begleiten. Es gibt insgesamt 31 Kapitel, die du an jedem Tag je Monat durcharbeiten kannst.

Jedes Kapitel besteht aus:

einem Input mit Bibelstelle,

einer Atemübung, die sich in jedem Kapitel wiederholt,

einem Text, der so formuliert ist, dass Gott ihn direkt an dich richtet (diesen Text kannst du lesen oder anhören),

Raum für Reflexion,

Raum zum Aufschreiben, was Gott zu dir spricht,

praktischen Tipps für deinen Alltag und

einem Satz, der in dir nachhallen darf.

Außerdem findest du in diesem Buch inspirierende Gedanken von verschiedenen Menschen, Weisheiten, die aus dem Leben geboren sind. Und ich teile einige meiner Lieblingsrezepte mit dir. Denn kulinarischer Genuss gehört zu einem ganzheitlichen Lebensstil unbedingt dazu.

Der Duft von Ölen – ein besonderes Geschenk

Ich empfehle dir für die Atemübungen und die Meditationen den Gebrauch von ätherischen Ölen. Warum? Weil ich sie für mich selbst vor rund drei Jahren als großen Schatz entdeckt habe. Sie gezielt in meinem Alltag anzuwenden, war und ist für mich eine große Unterstützung, um bewusster, ruhiger und gesünder zu leben.

Ein kurzes Wort dazu: Ätherische Öle sind nicht per se esoterisch und die Anwendung ist für Christen unbedenklich. Tatsächlich werden ätherische Öle mehrmals in der Bibel erwähnt, z. B. in 2. Mose 30,22 oder in Johannes 12,3. *Ätherisch* bedeutet *flüchtig*, weil ätherische Öle, im Gegensatz zu fetten Ölen, vollständig verdunsten. Diese Öle sind in jeder Pflanze vorhanden und dienen als ein natürlicher Schutz für die Pflanze. Gewonnen werden ätherische Öle durch den Prozess der Dampfdestillation (außer bei Zitrusfrüchten, da werden die Öle aus der Schale kalt gepresst). Die kleinen Moleküle sind perfekt für den menschlichen Körper, denn sie erreichen beim Auftragen auf die Haut innerhalb von Sekunden den Blutstrom.

Du kannst ätherische Öle auch inhalieren und sogar innerlich einnehmen. In diesem Buch empfehle ich nur, Öle zu inhalieren. Da der Duft über unseren Riechnerv direkt das limbische System erreicht (das ist der Teil von unserem Gehirn, in dem unsere Gefühle abgespeichert werden), eignen sich ätherische Öle besonders gut zur Unterstützung von Entspannung, innerer Ruhe und der Förderung von Wohlbefinden. Gott hat uns mit ätherischen Ölen ein unglaublich wertvolles Geschenk gemacht!

Über Gott nachsinnen – ein Weg des Herzens

Jedes Kapitel enthält eine angeleitete Meditation. Wir verbinden auch das Wort *Meditation* oft mit fernöstlichen Ritualen, doch das ist nicht der eigentliche Ursprung. Es stammt von dem lateinischen Wort *meditatio*, was *Nachdenken* bedeutet. Ein weiterer Ursprung ist in dem hebräischen Wort *hagah* zu finden, das *seufzen, murmeln, klagen* heißt.

Der Duft von Ölen

Die Bibel fordert uns zur Meditation auf, zum Beispiel in Josua 1,8: „Die Worte des Gesetzes sollen immer in deinem Mund sein. Denke Tag und Nacht über das Gesetz nach, damit du allem, was darin geschrieben steht, Folge leisten kannst, denn nur dann wirst du erfolgreich sein." Oder in Philipper 4,8: „Und nun, liebe Freunde, lasst mich zum Schluss noch etwas sagen: Konzentriert euch auf das, was wahr und anständig und gerecht ist. Denkt über das nach, was rein und liebenswert und bewunderungswürdig ist, über Dinge, die Auszeichnung und Lob verdienen." Meditationen im christlichen Kontext setzen nicht den Menschen in den Mittelpunkt, sondern lenken den Fokus auf Gott und sein Wort.

Ein weiterer wichtiger Bestandteil dieses Buches sind Entspannungsübungen. Ich habe mir eine leichte Atemübung ausgesucht, die du als Vorbereitung für die Meditation nutzen kannst. Nimm dir unbedingt die Zeit, diese Atemübung zu verinnerlichen. Du wirst nach einiger Zeit merken, dass du viel schneller in die Ruhe hineinkommst und deine Sinne leichter auf Gott ausrichten kannst. Wenn du hier zusätzlich ein ätherisches Öl nimmst, kann dein Gehirn noch schneller den Weg in die Entspannung finden.

Das Faszinierende: Jedes Mal, wenn du dieses Öl riechst, wird dein Körper das sofort mit Entspannung in Verbindung bringen.

Wenn du also mal gestresst bist oder Angst hast, dann reicht es aus, einmal an dem Öl zu riechen, um deinem Körper Ruhe zu signalisieren. Es lohnt sich also, diese Atemübung zu trainieren. Auch ohne ätherisches Öl hast du so ein wertvolles Werkzeug für stürmische Momente in deinem Leben.

Ich wünsche dir viel Segen beim Lesen und beim Arbeiten mit diesem Buch! Schenke deiner Seele, deinem Geist und deinem Körper einen Raum, wo Altes losgelassen und Neues empfangen werden kann. Erfahre, wie gut es tut, deine Emotionen wahrzunehmen, sie zuzulassen und wertzuschätzen. Begegne Gott auf überraschende Art und Weise. Lass seine Liebe alles wegnehmen, was dich belastet.

Lass dich *ganzheitlich* lieben. Atme seinen Frieden.

Frieden atmen

Frieden atmen

Denn der Geist Gottes hat mich erschaffen, der Atem des Allmächtigen gibt mir Leben.

HIOB 33,4

✻ ✻ ✻

Bist du außer Atem? Atemlos? Vor Freude, vor Trauer? Fällt es dir schwer zu atmen? Drückt das Gewicht deiner Emotionen deine Lungen zusammen? Ist dein Brustkorb eingeengt oder ist da Weite?

Wir atmen, ohne darüber nachzudenken. Immer ist da ein Lebensfluss, ein Ein- und Ausatmen, ganz selbstverständlich. Manchmal spüren wir die Anstrengung des Atmens. Wir müssen tief Luft holen, spüren vielleicht sogar Beklemmung oder Angst, wenn nicht genug Luft in unsere Lungen fließt.

Babys atmen intuitiv tief ein und aus. Das kann man so schön beobachten, wenn der kleine Bauch sich hebt und senkt. Die Luft strömt ganz selbstverständlich in den Bauchraum. Erwachsene atmen tendenziell flach. Die Luft bleibt oben im Brustkorb hängen, wir atmen nicht mehr tief und entspannt ein, sondern hecheln eher. Flaches Atmen kann Angst und Panik verschlimmern, Müdigkeit und Kopfschmerzen können die Folge von zu flacher Atmung sein. Probiere einfach mal tief in den Bauch zu atmen. Fühlt sich das normal an?

So wie wir das tiefe Einatmen verlernt haben, haben wir auch die Leichtigkeit verlernt. Das Sein. In der Gegenwart leben. Ja, wir hecheln. Wir hecheln unserer To-do-Liste hinterher, wir hecheln unseren Terminen hinterher. Wir hecheln, weil wir unser Gehirn mit Social-Media-Input bombardieren. Wir hecheln, weil wir uns ausgebrannt fühlen. Wir hecheln, weil unsere Seele Durst hat.

Es ist an der Zeit, dass wir wieder im Hier und Jetzt ankommen und die Kunst des Atmens lernen. Denn ja: es ist eine Kunst! Es ist eine Kunst, mitten im Leben ruhig zu sein, sich nicht ablenken zu lassen, fokussiert zu bleiben, gelassen zu bleiben. Es ist eine Kunst, den Atem fließen zu lassen, wenn anderen der Atem stockt. Es ist eine Kunst loszulassen, wo man klammern möchte. Es ist eine Kunst, mit offenen Händen durch unser Leben zu gehen – je offener und weicher wir vor Jesus bleiben, desto leichter kann unser Atem fließen.

Gott möchte, dass wir atmen. „Da formte Gott, der Herr, aus der Erde den Menschen und blies ihm den Atem des Lebens in die Nase. So wurde der Mensch lebendig" (1. Mose 2,7). Und er möchte nicht nur, dass wir irgendwie ein- und ausatmen, dass wir irgendwie gerade so am Leben bleiben. Er möchte, dass wir *Frieden atmen*. Tief und ausgeglichen, ruhig und bedacht, fest und zuversichtlich.

Hast du schon einmal intensiv über das Atmen nachgedacht? Über deinen Atem? Dass dein Atem eigentlich etwas Übernatürliches, Göttliches ist? Dass dein Atem die direkte Verbindung zu deinem Schöpfer ist? Dein Atem ist das Ja Gottes zu deinem Leben. Zu deiner Existenz. Das Ja zu deiner Berufung.

„Solange ich lebe, solange noch der Atem Gottes in mir ist, sollen keine unrechten Worte über meine Lippen kommen und will ich nichts Unwahres sagen" (Hiob 27,3). Wie leichtfertig verbrauchen wir unseren Atem. Wie schnell schnaufen wir aus Ärger. Wie schnell fauchen wir böse Worte. Wie unbedacht machen wir unseren Gedanken Luft. Wir verwenden unseren Atem, um andere zu verletzen.

Atmen ist eine göttliche Handlung. Jeder Atemzug ist Lobpreis für unseren Schöpfer, der den ersten Atemzug in Gang gesetzt hat. Das Schreien eines neugeborenen Babys, das seine Lungen mit Luft füllt, ist ein heiliger Moment. Es beginnt eine Existenz zur Ehre Gottes.

Lass uns neu einen Bezug zu unserem Atmen finden. Und neu begreifen, wie wertvoll diese körperliche Funktion eigentlich ist. Wie geistlich sie ist. Und wie sie uns Wege in die Ruhe aufzeigen kann.

Für dein Herz

Atmen ist eine göttliche Handlung.

Entspannungsübung

Diese Übung kannst du vor jeder Meditation in diesem Buch verwenden. Sie hilft dir in der Gegenwart anzukommen und deinen Atem wahrzunehmen. Dein Atem zeigt dir, wie nahe Gott dir ist!

Setze dich aufrecht hin und achte auf bequeme Kleidung. Vielleicht magst du dir ein Kissen oder eine weiche Decke unter dein Gesäß legen.

Lege nun deine Hände auf deine Brust. Nimm wahr, wie sich dein Brustkorb mit jedem Atemzug hebt und senkt. Verweile hier und spüre, wie dein Atem langsam ruhiger und gleichmäßiger wird.

Lege anschließend deine Hände auf deinen Bauch. Atme nun mehrmals tief in deinen Bauch ein. Spüre, wie deine Bauchdecke sich hebt und senkt. Lege deine Hände auch seitlich an die Rippen. Spürst du, wie sie sich mit jedem Atemzug bewegen? Spürst du, wie viel Raum dein Atem einnehmen kann?

Nachdem du einige Mal tief ein- und ausgeatmet hast, kannst du nun mehrere Male für vier Sekunden einatmen und für 7 Sekunden ausatmen. Wiederhole diese Übung insgesamt zehn Mal. Bei dieser Übung werden wir in Gedanken mit Jesus sprechen und unsere Sätze dem täglichen Input anpassen.

Sprich in Gedanken beim Einatmen:

Danke, dass du mir Atem schenkst.

Sprich in Gedanken beim Ausatmen:

Ich preise dich mit jedem Atemzug.

Meditation

Für die tägliche Meditation empfehle ich dir, dich bequem hinzusetzen oder hinzulegen und immer mit der Atemübung zu beginnen. Damit trainierst du dir Entspannung an und kommst immer leichter in die Ruhe hinein. Zur Unterstützung kannst du dir ein ätherisches Öl deiner Wahl in deinen Handflächen verreiben und während der Entspannungsübung inhalieren. Oder du gibst es in einen Diffuser, den du neben dir aufstellst.

Wenn du bequem sitzt oder liegst, kannst du deine Hände öffnen, als Zeichen, dass du alle Angst, allen Stress, alles Ungute loslässt und bereit bist von Jesus zu empfangen. Achte auf eine ruhige, gemütliche Umgebung. Schließe deine Augen, damit du nicht so leicht abgelenkt wirst. Nimm dir einige Minuten Zeit, einfach still dazusitzen. Wenn deine Gedanken abschweifen, ist das kein Problem. Stelle dir vor, deine Gedanken sind wie Wolken, die vorüberziehen. Lass sie gehen. Lass sie los. Wenn du abgelenkt wirst, dann sei gnädig mit dir selbst. Hole deinen Fokus wieder in die Gegenwart. Entspannung ist Übungssache! Bleib dran und lerne in der Ruhe anzukommen.

Stelle dir während der Meditation vor, wie Gott zu dir spricht. Sein Blick ist voller Liebe. Seine Stimme ist sanft.

Du kannst die folgenden Worte selbst laut lesen oder dir anhören.

> Mein geliebtes Kind, ich sehe dich. Mein Blick ruht auf dir. Mein Atem fließt durch dich. Spürst du, wie ich mit jedem Atemzug Ja zu dir sage? Jedes Einatmen ist eine Einladung aus meinem Herzen an dich.
>
> Ich habe dir meinen Atem geschenkt und nun atmen wir gemeinsam. Ein und aus. Mein Atem schenkt dir Leben, Leben im Überfluss. Du hast alles, was du brauchst. Ich gebe es dir gerne.

Mein Kind: Lass los. Wenn du ausatmest, dann lass los. Atme deine Angst weg. Atme deine Unsicherheiten weg. Atme deine Sorgen weg. Wenn du einatmest, dann denke an das, was ich für dich bereithalte: Liebe, Freude, Frieden, Geduld, Freundlichkeit, Güte, Treue. Wenn du einatmest, dann öffne dich meinen Verheißungen für dein Leben.

Spürst du, wie sich meine Gegenwart in dir ausbreitet? Und wie ich Raum in dir einnehme? Wenn du einatmest, dann nimm mich ganz bewusst auf. Heiße mich willkommen.

Wenn ich komme, dann bringe ich Hoffnung mit. Geborgenheit. Sicherheit. Ich bin deine starke Burg, in der du dich bergen kannst. Unter meinen Flügeln findest du Schutz.

Erlaube mir dir nahezukommen. Ich dränge mich dir nicht auf. Ich warte, bis du mir die Erlaubnis gibst. Da gibt es Räume in dir, da durfte ich noch nicht wirken. Ich warte, bis du sie mir aufschließt.

Wenn ich für dich bin, wer kann gegen dich sein? Ich bin genug für dich, mein Kind. Vertraue mir.

Meine Kraft ist mehr als genug für dich. Ich bin in deiner Schwachheit stark. Du darfst loslassen. Du musst nicht stark sein. Du musst mir nichts beweisen. Lehne dich einfach an meine Brust. Lass uns gemeinsam atmen.

Lies die Zusprüche deines Vaters nach!
1. Mose 2,7 / Johannes 10,10 / 2. Petrus 1,3 / Psalm 18,3 / 2. Korinther 12,9 / Psalm 91,4 / Psalm 27,1

Reflektiere

Beschreibe dein Atemverhalten im Alltag. Atmest du frei oder ist dein Atem eher blockiert? Versuche Adjektive zu finden, die dein Atmen beschreiben, zum Beispiel beklemmt, leicht, oberflächlich, anstrengend ...

Wie erging es dir nach der Atemübung und der Meditation? Hat sich dein Atmen verändert?

Wie hat es sich für dich angefühlt, *gemeinsam mit Gott* zu atmen?

Das hat Gott zu mir gesprochen:

Werde praktisch

Achte im Alltag immer wieder auf deinen Atem. Nimm dir zwischendurch ein paar Minuten Zeit, deinen Atem zu spüren und nach der erlernten Technik ein- und auszuatmen.

Ein ätherisches Öl deiner Wahl kann dich dabei unterstützen und innerliche Blockaden können leichter überwunden werden. Suche dir einen Duft, den du besonders magst, und rieche ein- oder zweimal täglich ganz bewusst daran. Genieße die Emotionen, die das bei dir auslöst. Spüre, wie es deinen Atem fließen lässt.

Mein Geist dürstet nach Taten, mein Atem nach Freiheit.

FRIEDRICH SCHILLER

Plane am Anfang feste Zeiten ein, in denen du deine Atemübungen machst. Starte mit einmal am Tag und steigere es auf bis zu dreimal täglich.

Um deinen Lungen mehr Raum zu bieten, kannst du dich mit deiner rechten Körperseite an eine Wand stellen und deinen rechten Arm über dir ausstrecken und dich an der Wand anlehnen. Atme mehrmals tief ein und aus. Wiederhole die Atemübung auf der linken Seite.

Lass los

Lass los

Denn Gott hat uns nicht einen Geist der Angst gegeben, sondern der Kraft, Liebe und Besonnenheit.

2. TIMOTHEUS 1,7

Gott fordert dich heraus loszulassen. Wenn du loslässt, gibst du die Kontrolle auf. Das ist ein wunder Punkt bei den meisten von uns. Wir lieben es, die Kontrolle zu haben und zu behalten. Wir lieben es zu kontrollieren. Es gibt uns ein Gefühl von Macht, von Sicherheit. Wir wollen Umstände kontrollieren, Beziehungen kontrollieren, unsere Gesundheit kontrollieren, den Gottesdienstablauf kontrollieren. Wir denken, wenn wir die Kontrolle haben, dann kann nichts schiefgehen. Wir sind davon überzeugt, wenn wir die Kontrolle haben, dann läuft alles nach Plan. Doch das stimmt nicht.

Je mehr wir selbst kontrollieren, desto weniger sind wir abhängig von Gott. Ich werde nie den Satz vergessen, den einer meiner Lehrer vor 20 Jahren an der Bibelschule ständig wiederholte: „Der sicherste Ort für dich ist im Zentrum des Willens Gottes für dein Leben." Wenn wir im Willen Gottes stehen wollen, dann bedeutet das im Umkehrschluss, dass wir unseren eigenen Willen ein Stück weit aufgeben müssen.

Das ist ein großer Schritt und eine große Herausforderung für uns Menschen. Vor allem für uns Westeuropäer, die wir so verwöhnt sind, weil wir in Sicherheit leben dürfen. Die vielen Jahre des Friedens haben uns vorgegaukelt, dass wir alles unter Kontrolle haben. Christen in anderen Ländern dieser Welt – die Untergrundkirchen in China, die verfolgten Christen in muslimischen Ländern – leben anders. Sie haben losgelassen. Sie haben ihr Leben in die Hände Gottes gelegt und viele sind bereit für ihn zu sterben.

Wir müssen wieder erkennen, dass unser Leben nur Sinn macht und nur sinnerfüllt sein kann, wenn wir Gott zu 100 Prozent vertrauen und mit offenen Händen vor ihm stehen. Sobald wir irdisches Gut, irdische

Sicherheiten umklammern, können wir unsere Hände nicht in der Anbetung vor ihm öffnen. Es wäre eine Farce.

Wenn wir mit unseren Händen Dinge festhalten, die uns nicht guttun oder nicht für uns bestimmt sind, können wir nicht an der Hand unseres himmlischen Vaters gehen. Wenn wir mit unseren Händen versuchen zu kontrollieren und *unsere Hände im Spiel haben wollen*, dann verpassen wir die Augenblicke, in denen wir mit leeren Händen zu Gott kommen können und Neues von ihm empfangen können.

Das Loslassen von Kontrolle und Sicherheit ist eine Einladung Gottes an uns. Es ist eine Einladung zu mehr Frieden, mehr Zufriedenheit, mehr Freude. Die Bibel macht es klar: Nichts und niemand kann zwischen uns und die Liebe Gottes kommen (Römer 8,39). Wenn wir uns frei machen von eigenen Ambitionen und menschlicher Anstrengung, kommen wir an im Land der Ruhe (Hebräer 4,9-10).

Wir werden still, weil Gott für uns kämpft (2. Mose 14,14). Wir müssen uns nicht mehr verteidigen, wir müssen uns nicht mehr sorgen – der sicherste Platz für uns ist gleichzeitig auch der Ort, wo Frieden und Ruhe im Überfluss auf uns warten. Kein Angebot der Welt, keine Wellnessoase, kein Qigong, kein Yoga kann dir diesen Frieden geben. Du wirst ihn nur bei Jesus finden, wenn du mit offenen Händen vor ihn trittst.

Für dein Herz

Lass dich hinlieben zu dem Ort des Vertrauens.

Entspannungsübung

Starte wieder mit der Atemübung. Setze dich aufrecht hin und achte darauf, wie dein Atem fließt. Wenn du innerlich ruhig geworden bist, dann lege deine Hände geöffnet auf deine Beine oder neben deinen Körper – als Zeichen dafür, dass du loslässt und bereit bist zu empfangen.

Lege nun deine Hände auf deine Brust. Nimm wahr, wie sich dein Brustkorb mit jedem Atemzug hebt und senkt. Verweile hier und spüre, wie dein Atem langsam ruhiger und gleichmäßiger wird.

Lege anschließend deine Hände auf deinen Bauch. Atme nun mehrmals tief in deinen Bauch ein.

Sprich in Gedanken beim Einatmen:

Ich darf loslassen …

Sprich in Gedanken beim Ausatmen:

… denn du bist der Geber der guten Gaben.

Meditation

Mein geliebtes Kind, danke, dass du deine Hände vor mir öffnest. Danke, dass du bereit bist loszulassen und neu zu empfangen. Öffne dein ganzes Sein weit und ich will dir alles geben, was du brauchst. Ich habe dich aus aller Sklaverei, aller Gebundenheit befreit und du darfst nun in Freiheit leben. Koste diese Freiheit aus! Genieße sie! Entdecke sie in all ihren Facetten. Du hast erst die Oberfläche leicht angekratzt – ich habe noch so viel mehr für dich.

Mein Kind, ich lade dich ein loszulassen. Lass deinen Ärger los. Lass deine Bitterkeit los. Lass deine Angst los. Lass deine Sünde los. Lass deinen Hochmut los. Lass dein Richten los. Lass deine menschlichen Sicherheiten los. Ich habe so viel mehr für dich. Ich will die Fenster des Himmels über dir öffnen. Vertraust du mir?

Mein Heiliger Geist will dich erfüllen von Kopf bis Fuß. Spürst du seine Wärme? Spürst du seine Nähe? Mit seiner Hilfe ist alles Loslassen einfacher. Lass dich unterstützen, lass dich hinlieben zu dem Ort des Vertrauens in meine Güte.

Erhebe deinen Blick! Lass dich nicht vom Lärm der Welt ablenken. Ich habe gute Pläne für dein Leben. Pläne des Heils und nicht des Unheils. Auch wenn du durchs Feuer gehst, wirst du nicht verbrennen. Ich passe auf dich auf. Mein Blick ruht auf dir. Liebevoll und zärtlich.

Danke, dass du deine Hände vor mir öffnest. Hab keine Angst. Ich gehe behutsam mit deinem Herzen um. Da, wo dein Herz verletzt ist, lege ich meine Liebe wie einen Verband darum. Spürst du meine heilende Gegenwart?

Genieße meine Gegenwart. Ich bin für dich da. Ich bin jetzt da. Ich bin dir näher als dein Atem. Mein Geist fließt durch dich. Ein Lebensstrom, der dich erfrischt und erneuert.

Lass los und empfange.

Lies die Zusprüche deines Vaters nach!
Psalm 81,11 / Galater 4,5 / Maleachi 3,10 / Jeremia 29,11 / Jesaja 43,3 / Psalm 147,3 / Johannes 7,38

Wir können den Wind nicht ändern, aber die Segel anders setzen.

ARISTOTELES

Reflektiere

In welchem Bereich deines Lebens fällt es dir schwer loszulassen?

Wie äußert es sich in deinem Leben, dass du etwas kontrollierst? Bist du besonders ängstlich, dominant oder stolz, zum Beispiel auf eigene Errungenschaften ...?

Wenn du es in Zahlen benennen würdest – zu wie viel Prozent vertraust du Gott? Wenn es keine 100 Prozent sind – was hält dich zurück, Gott alles anzuvertrauen?

Das hat Gott zu mir gesprochen:

Werde praktisch

Öffne im Alltag immer wieder bewusst deine Hände. Spüre, wie sich Verkrampfungen lösen. Massiere deine Hände oder lass sie massieren. Stelle dir vor, der Heilige Geist nimmt ganz sanft alles weg, was du verkrampft festhältst.

DIY-IDEE

Handcreme

ZUTATEN

- 1/2 Tasse Shea-Butter
- 2 TL Bienenwachspastillen
- 4 EL Mandelöl
- 1 TL Honig in Bioqualität (optional)
- 20 Tropfen ätherisches Lavendelöl
- 20 Tropfen ätherisches Zitronenöl
- Leere Marmeladen- oder Weckgläser zum Abfüllen

SO GEHT'S!

Schmelze im Wasserbad die Shea-Butter mit dem Bienenwachs und dem Mandelöl. Sobald alles flüssig ist, lässt du die Masse ungefähr 2 Minuten abkühlen.

Gib den Honig und die ätherischen Öle dazu und verrühre alles miteinander.

Fülle die Creme in die vorbereiteten Gläser und lass sie komplett abkühlen. Im Kühlschrank geht das ganz schnell. Diese Creme ist auch ein schönes Mitbringsel und in Verbindung mit dem guten Gedanken, dass wir loslassen können und unsere Hände entkrampfen dürfen, weil Gott uns mit guten Gaben beschenken möchte, ganz besonders wertvoll.[1]

Genieße das Gute

Genieße das Gute

Alles, was gut und vollkommen ist, wird uns von oben geschenkt, von Gott, der alle Lichter des Himmels erschuf. Anders als sie ändert er sich nicht, noch wechselt er zwischen Licht und Finsternis.

JAKOBUS 1,17

Als Gott seinen Atem in dich strömen ließ und Ja zu deinem Leben sagte, stand schon fest, welchen Segen er über dir ausgießen möchte. Je leerer wir zu ihm kommen, je bereiter wir sind zu empfangen, desto mehr werden wir in dieser Fülle, diesem Segen, wandeln können.

Ich habe viel zu lange gedacht, dass Gott jemand ist, der mich mit Zuckerbrot und Peitsche erziehen will. Ein Gott, der zwar Segen bereithält, ihn aber zurückhält, weil ich nicht anständig war und ihn enttäuscht habe. Ich habe gedacht, ich muss aufpassen, dass ich nicht leer ausgehe. Ich war neidisch, wenn andere gesegnet wurden, und lebte konstant aus einem *Mangeldenken* heraus. Weißt du, wie man so ein Verhalten nennt? Das ist die *Waisenkindmentalität*. In meinem Buch *Tochter Gottes, erhebe dich* gehe ich näher darauf ein, denn diese Mentalität steht uns im Weg, Gottes Segen in all seiner wunderbaren Fülle zu erleben und zu empfangen.

Gott ist ein Geber guter Gaben. Er liebt es, seine Kinder zu beschenken. Macht es dir Freude, Geburtstagsgeschenke für deine Kinder herauszusuchen oder an Weihnachten zu überlegen, welches Geschenk eine besonders große Überraschung sein wird? Geht dein Herz über, wenn du beobachtest, wie dein Kind das Geschenk auspackt und dich mit großen, staunenden Augen ansieht? Genießt du die darauf folgende Umarmung, den Kuss auf die Wange, das herzliche „Danke, Mama!“? Dann hast du einen kleinen Einblick bekommen, wie es Gott geht, wenn er uns beschenken kann. Wenn er uns Herzenswünsche erfüllt und wir dann mit einem Herzen voller Staunen und Dankbarkeit zu ihm kommen und ihn preisen, weil er so unfassbar gut ist.

Die Güte Gottes zu verstehen, ist essenziell für unseren Weg in die Ruhe und in eine ganzheitliche Gesundheit. Wenn wir an einen Gott glauben, der uns nach Lust und Laune etwas gibt und dann wieder nimmt, wird unsere tiefste Herzenssehnsucht nach einem liebenden Vater nicht befriedigt, und wir bleiben endlos auf der Suche nach Geborgenheit. Wir sind unruhig und voller Ängste und wir entwickeln Süchte und Abhängigkeiten. Die Bibel beschreibt diesen Zustand so: „Sie waren wie Schafe, die keinen Hirten haben" (Markus 6,34). Menschen, die die Güte Gottes nicht erkannt haben und nicht verstanden haben, wie sehr sie geliebt sind und wie sehr ihr himmlischer Vater sie beschenken möchte, sind orientierungslos. Weil ihr Fokus nicht auf dem Einen liegt, der sie führen kann – sondern auf allem anderen, das sie kurzfristig mit Zufriedenheit erfüllt und dann doch leer und verzweifelt zurücklässt.

„Ist es dir gleichgültig, wie freundlich, geduldig und nachsichtig Gott mit dir ist? Siehst du nicht, wie Gottes Freundlichkeit dich zur Umkehr bewegen will? (Römer 2,4). Gottes Vaterherz ist offen und er macht sich durch seine Güte verwundbar, weil wir Menschen ihn auch ablehnen können. Gott droht nicht, er umwirbt. Er segnet jeden – ob gerecht oder ungerecht (Matthäus 5,45). Er macht keine Unterschiede zwischen Rasse, Geschlecht, sexueller Orientierung, erwachsen oder Kind, gesund oder krank, reich oder arm – seine Liebe gilt jedem gleichermaßen. Und er will jeden von uns gleichermaßen beschenken.

Die Frage ist nur: Empfangen wir seine Geschenke? Um auf das vorherige Kapitel noch einmal Bezug zu nehmen: Lassen wir alles los, was uns daran hindert, von Gott zu empfangen? Sind wir bereit unser Leben neu mit seiner Vergebung füllen zu lassen? Kleiden wir uns in Demut und bekennen, dass wir ohne ihn nichts können (Johannes 15)?

Könnte es sein, dass unser Stolz eins der größten Hindernisse ist, das den Segensstrom Gottes zurückhält? Könnte es sein, dass das humanistische Gedankengut, das unsere westliche Kultur und auch die christliche Welt zutiefst geprägt hat, ein Fluch ist? Denn es lehrt, dass der Mensch aus sich heraus gut ist. Dass wir Gott nicht brauchen. Dass wir auf den Heiligen Geist verzichten können. Um wie viel Segen, um wie viele göttliche Geschenke haben wir uns gebracht, weil wir in die Fallen des Feindes getappt sind und geglaubt haben, dass wir doch gar nicht so schlecht dastehen?

Gottes Segen findet seinen Weg in demütige Herzen. In Sprüche 3,34 lesen wir: „Der Herr verspottet die Spötter, den Demütigen aber schenkt er Gnade." Im Neuen Testament wird diese Aussage wiederholt: „Gott stellt sich den Stolzen entgegen, den Demütigen aber schenkt er Gnade" (Jakobus 4,6). Sein Segen prallt an menschlichem Hochmut ab. Sein Segen kann auf selbstverliebtem Boden nicht wurzeln. Wie Wasser auf Wachs perlen seine Liebesbeweise an stolzen Menschenherzen ab.

Unsere Gesellschaft ermutigt dazu, *die eigene Wahrheit* zu leben, doch wir als Kinder Gottes wissen, dass Jesus der Weg, die Wahrheit und das Leben ist. Wir dürfen erkennen: Die Selbstaufgabe, das völlige Hineingeben in den Willen Gottes, setzt Leben frei und erfüllt unser Dasein mit guten Dingen bis zum Überfließen. Menschliche Weisheit verspottet das kindliche Vertrauen eines Nachfolgers Jesu. Menschliche Vernunft wird nie das Wunder begreifen, das in der völligen Abhängigkeit zu Jesus zu finden ist. Genieße die Geschenke Gottes.

Für dein Herz

Meine Versorgung wird deine Verzweiflung zum Schweigen bringen.

Entspannungsübung

Starte mit der Atemübung.

Setze dich aufrecht hin und achte darauf, wie dein Atem fließt. Wenn du innerlich ruhig geworden bist, dann lege deine Hände geöffnet auf deine Beine oder neben deinen Körper – als Zeichen dafür, dass du loslässt und bereit bist zu empfangen.

Lege nun deine Hände auf deine Brust. Nimm wahr, wie sich dein Brustkorb mit jedem Atemzug hebt und senkt. Verweile hier und spüre, wie dein Atem langsam ruhiger und gleichmäßiger wird.

Hoffen heißt: die Möglichkeit des Guten erwarten; die Möglichkeit des Guten ist das Ewige.

SØREN KIERKEGAARD

Sprich in Gedanken beim Einatmen:

Ich bin von dir so unendlich geliebt …

Sprich in Gedanken beim Ausatmen:

… und du hast gute Dinge für mich vorbereitet.

Meditation

Mein geliebtes Kind,

meine himmlischen Vorratskammern sind bis zum Bersten gefüllt. Ich habe mehr als genug. Mir gehört alles, was du siehst. Jedes Molekül, das du einatmest. Jeder Sonnenstrahl, der ein Muster an deine Wand malt. Jeder Vogel, der dir ein Lied singt. Jede Blume, die blüht, und jede Biene, die summt. Ich bin reich.

Und weil du mein Kind bist, bist du auch reich. Dir mangelt es an nichts. Ich, dein himmlischer Vater und dein König, schenke dir voll ein. Gutes und Barmherzigkeit werden dir folgen dein Leben lang! Ich decke dir einen Tisch im Angesicht deiner Feinde.

Weißt du, was das bedeutet? Du darfst dich hinsetzen und ich beschenke dich mit den besten Köstlichkeiten. Nährendes für deine Seele und auch für deinen Körper. Während um dich herum Dunkelheit herrscht, darfst du in meiner Gegenwart Gutes genießen und dich von mir bedienen lassen. Wie schmeckt dir meine Güte?

„Denn ich bin der Herr, dein Gott, der dich aus Ägypten befreit hat. Öffne deinen Mund weit, ich will ihn mit guten Dingen füllen." Ich werde dich mit Manna versorgen, wenn dein Weg durch die Wüste führt. Ich werde dich in den unwirklichsten Momenten deines Lebens mit guten Dingen versorgen, so wie ich die Raben zu Elia geschickt habe. Meine Versorgung wird deine Verzweiflung zum Schweigen bringen.

Öffne deine Hände, damit du empfangen kannst. Und bereite dein Herz für den Segen vor, den ich für dich geplant habe. Stimme jetzt schon ein Lobpreis- und Dankeslied an für die wunderbaren Dinge, die du aus meiner Hand empfangen wirst!

Ruhe in dem Wissen, dass ich genau weiß, was du brauchst, und glaube mir: Ich will es dir gerne geben. Denn ich bin ein liebender Vater und du bist mein geliebtes Kind.

Lies die Zusprüche deines Vaters nach!
Psalm 24,1 / Psalm 81,11 / 1. Könige 17,4 / Lukas 11,13

Reflektiere

Wann und wie hat Gott dich in der Vergangenheit beschenkt? Schreibe es auf und freue dich an seiner Güte! Danke ihm für seine Versorgung.

Gibt es einen Bereich in deinem Leben, wo du dringend Gottes Versorgung benötigst? Schreibe so konkret wie möglich auf, was du von Gott erwartest, bringe es vor ihm im Gebet und danke ihm im Vorfeld für das, was er tun wird.

Das hat Gott zu mir gesprochen:

Werde praktisch

Der Segen, den Gott uns zuteilwerden lässt, ist immer wie ein fließendes Gewässer und niemals ein stehendes. Stehende Gewässer fangen irgendwann an zu stinken. Wenn wir den Segen, den Gott uns zuteilwerden lässt, nur für uns behalten, dann berauben wir andere um eine Begegnung mit Gottes Güte.

Überlege dir, wie du jemanden in deinem Umfeld aus dem Überfluss, den Gott dir geschenkt hat, segnen kannst. Das kann ein finanzielles Geschenk sein, eine Karte mit einem prophetischen Wort, ein selbst gebackener Kuchen, ein ermutigender Brief. Höre in dich hinein, wozu der Heilige Geist dich herausfordert. Gott ist über alle Maßen großzügig und wir dürfen ihn und seine Großzügigkeit in dieser Welt widerspiegeln.

REZEPT

Mein Lieblingskuchen

ZUTATEN

400 g Mehl
110 g Zucker (je nachdem, wie süß du es magst, kannst du die Menge bis zu 220 g erhöhen)
1 Päckchen Vanillezucker oder 1 TL Vanilleextrakt
1 Päckchen Backpulver
5 Eier
250 g Butter
220 g lauwarmes Wasser
1 EL Kakao

SO GEHT'S!

Eier, Zucker, Vanillezucker und Butter schaumig schlagen.

Mehl, Backpulver und Wasser dazugeben und gut verrühren.

2/3 des Teigs in eine gefettete und bemehlte Gugelhupfform (24 cm) oder Springform (28 cm) geben.

Den Kakao zum restlichen Teig geben und gut unterheben.

Den dunklen Teig auf dem hellen Teig verteilen. In der ganzen Form mit einer Gabel wiederholt ein *S* schreiben – so erhältst du das typische Marmormuster.

Bei 150 Grad Umluft (oder 180 Grad Ober-/Unterhitze) ungefähr 1 Stunde backen. Am Ende der Backzeit mit einem Holzstäbchen testen, ob der Kuchen fertig ist. Wenn noch Teig am Stäbchen kleben bleibt, die Backzeit noch etwas verlängern.

Mit Puderzucker bestreuen und genießen!

Der Kuchen lässt sich auch ohne dunklen Teig backen.

Ein Tisch im Angesicht meiner Feinde

Ein Tisch im Angesicht deiner Feinde

Du deckst mir einen Tisch vor den Augen meiner Feinde. Du nimmst mich als Gast auf und salbst mein Haupt mit Öl.

PSALM 23,5

❁ ❁ ❁

Vielleicht kennst du den Film *In einem fernen Land* mit Nicole Kidman und Tom Cruise. Die beiden landen in der Geschichte mitten im Winter obdachlos auf den Straßen einer großen Stadt. Sie irren auf den schneebedeckten Gehsteigen umher, die reichen Bürger sind in ihren Kutschen unterwegs zum Weihnachtsgottesdienst und die meisten Häuser sind nicht beleuchtet.

Schließlich bricht das Paar in eines der noblen Häuser ein, um ein wenig Schutz vor der Kälte zu finden. Der Kontrast ist groß: vom ungemütlichen Schneesturm in ein warmes Wohnzimmer, alles fein weihnachtlich dekoriert. Der Film fängt den zauberhaften, leisen Moment berührend ein, als die Schauspieler sich die Kostbarkeiten staunend ansehen.

Irgendwann gelangen sie ins Esszimmer und es ist schon alles für das große Festmahl gedeckt. Die Gläser glitzern im Mondlicht, das Besteck ist fein säuberlich aufgereiht und die Servietten kunstvoll gefaltet. Das Filmpaar setzt sich an den Tisch und gibt sich für einen Augenblick dem Traum hin, sie wären die Hausbesitzer und würden an dieser üppig gedeckten Tafel zu Abend essen. Die Lumpen, die sie tragen, und die aufgeriebene, von der Kälte zerschundene Haut erinnern den Zuschauer an die Realität. Bevor die tatsächlichen Hausbesitzer nach Hause kommen und das Drama seinen Lauf nimmt, genießen Jack und Shannon einen gedeckten Tisch im Angesicht ihrer verzweifelten Umstände.

An diese Filmszene musste ich denken, als ich mich für dieses Kapitel vorbereitet habe. Denn dass Gott uns einen Tisch deckt, scheint genauso unwirklich wie die Tatsache, dass zwei Obdachlose in einem reichen Haushalt am Tisch sitzen. Und ähnlich wie Jack und Shannon empfinden wir es manchmal so, als wären wir Eindringlinge, als hätten wir nicht das Recht, an Gottes Tisch zu sitzen.

Der Feind hat allergrößtes Interesse, uns von dem Mahl, das Gott uns bereitet hat, abzulenken und uns einzuflüstern, wir wären nicht würdig. Wenn wir im Angesicht unserer Feinde an Gottes Tisch sitzen, dann bedeutet das, dass unsere Feinde uns beim Essen und Trinken zusehen. Es bedeutet, dass Lärm um uns herum ist. Das Brüllen des Löwen, der sucht, wen er verschlingen kann (1. Petrus 5,8).

Wen oder was genau meint der Psalmist David, wenn er hier von „meinen Feinden" spricht? Die Bibel sagt ganz klar: Unsere Feinde sind nicht Menschen. Paulus schreibt in Epheser 6,12: „Denn wir kämpfen nicht gegen Menschen aus Fleisch und Blut, sondern gegen böse Mächte und Gewalten der unsichtbaren Welt, gegen jene Mächte der Finsternis, die diese Welt beherrschen, und gegen die bösen Geister der Himmelswelt." Wir befinden uns in einem Krieg der geistlichen Welt. Unser Feind, der Satan mit seinen Dämonen, ist real.

David ist sich zweier Dinge bewusst. Erstens, er hat Feinde, und zweitens, Gott hat einen Platz der Ruhe für ihn im Angesicht seiner Feinde. Ich glaube, dass wir erst zur Ruhe in Jesus finden, wenn wir verstehen, dass wir uns in einem geistlichen Kriegszustand befinden. Das klingt paradox. Doch wir tendieren dazu, erst dann Ruhe und Entspannung für möglich zu halten, wenn wir keinen Druck oder geistliche Opposition empfinden. Erst wenn alles glattläuft, können wir entspannen.

Viele vergessen auch, dass sie als Christ automatisch zu einer Zielscheibe für den Feind werden, und können mit geistlicher Kampfführung überhaupt nichts anfangen und sind dementsprechend mit Attacken des Feindes völlig überfordert. Wir brauchen also diese Offenbarung, dass wir als Christen einen Feind haben, dem alles recht und billig ist, uns und unsere Berufung zu zerstören und uns unseren Platz am Tisch zu rauben.

Wenn wir also um unsere Situation wissen, dann können wir uns auch ganz beruhigt an dem gedeckten Tisch niederlassen. Denn der gedeckte Tisch und unsere Feinde gehören zusammen.

Warte also nicht auf den perfekten Moment. Lass dich jetzt von Jesus an den Tisch bitten. In deinen Lumpen, in deiner Verzweiflung, mit deinen Fragen. Lass dich nicht ablenken von dem, was der Feind dir einflüstert – dass du es nicht wert bist, dass es nur Einbildung ist, dass du dich jetzt ausruhen kannst. Setz dich, nimm die Fülle des Mahls wahr und genieße!

Ein Gedanke noch, bevor wir mit der Meditation beginnen: Ist dir bewusst, dass Gott die Rolle des Kellners einnimmt? Er ist derjenige, der den Tisch deckt, dir den Stuhl zurechtrückt, dir einschenkt und fragt, ob du zufrieden bist. Der König aller Könige deckt *dir* den Tisch. Er gibt dir alles, was du brauchst. Er bereitet dir einen Ruheort mitten im Krieg, einen Rückzugsort mitten im Getöse, Versorgung mitten in Mangel und Not.

Für dein Herz

Lass dich jetzt von Jesus an den Tisch bitten.

Entspannungsübung

Starte mit der Atemübung.

Setze dich aufrecht hin und achte darauf, wie dein Atem fließt. Wenn du innerlich ruhig geworden bist, dann lege deine Hände geöffnet auf deine Beine oder neben deinen Körper – als Zeichen dafür, dass du loslässt und bereit bist zu empfangen.

Lege nun deine Hände auf deine Brust. Nimm wahr, wie sich dein Brustkorb mit jedem Atemzug hebt und senkt. Verweile hier und spüre, wie dein Atem langsam ruhiger und gleichmäßiger wird.

Sprich in Gedanken beim Einatmen:

Danke, dass du einen Tisch für mich bereitet hast ...

Sprich in Gedanken beim Ausatmen:

... im Angesicht meiner Feinde.

Meditation

Stelle dir vor, du frierst. Deine Finger sind schon blau vor Kälte. Deine Zähne klappern. Du spürst die Kälte bis auf die Knochen. Dein Mantel ist durchlöchert und die Sohlen deiner Schuhe sind abgerieben. Ein kalter Wind weht. Er pfeift unbarmherzig und zerrt an deinem Körper.

Da öffnet sich eine Tür vor dir. Du wirst hereingebeten. Etwas zögerlich nimmst du die Einladung an – du bist dir mit einem Mal deiner verlumpten Kleidung bewusst. Du blickst beschämt auf den Fußboden, merkst aber bald, dass dich niemand belächelt oder schief ansieht. Du wirst in einen großen Raum geführt, der mit warmem Kerzenlicht beleuchtet ist. Ein Feuer prasselt im Kamin und das erste Mal seit Langem spürst du, wie die Kälte aus deinem Körper weicht.

Du entspannst ein wenig, und als dein durchlöcherter Mantel dir abgenommen wird, spürst du, wie eine Last von deinen Schultern weicht. Du wirst an einen Tisch geführt, der mit teurem Porzellan und funkelndem Besteck gedeckt ist. Üppige Blumen sind kunstvoll in Vasen arrangiert und in den kristallenen Gläsern glänzt dunkler Wein.

Du kannst kaum glauben, dass du hier stehst. Dass du aus der eisigen Kälte in einen warmen, wunderschönen Raum geführt wurdest und nun an einem Festmahl teilhaben darfst. Ein Stuhl wird für dich bereitgestellt und du setzt dich.

Da öffnet sich eine Tür und Jesus kommt herein. Er trägt ein Tablett mit frischem Brot und einen Korb mit reifen, süßen Früchten. Er lächelt dir zu und hält dir beide Speisen hin. Du nimmst dir ein Stück Brot und etwas Obst. Jesus setzt sich neben dich. Er legt seinen Arm um dich, während du von dem frischen, duftenden Brot kostest. Dein Körper reagiert sofort. Du spürst, wie Energie wieder erwacht und die Müdigkeit in deinem Kopf schwindet. Dir wird warm, als du vom Wein trinkst, und die Gegenwart von Jesus beruhigt deine Seele.

Du entspannst dich immer mehr. Du fängst an zu erzählen. Von der Kälte. Der Verlorenheit. Der Angst. Jesus nimmt dich ernst. Er hört dir zu. Er sieht dich mit ernsten und doch liebevollen Augen an. Er nickt und fühlt deine Angst. Wenn eine Träne deine Wange herunterkullert, nimmt er eine Serviette und tupft sie sanft ab.

Fürchte nicht das Chaos, denn im Chaos wird das Neue geboren.

CARL GUSTAV JUNG

Dein Bauch ist nun voll. Du fühlst dich wohlig warm. Deine Augen fallen zu und du schläfst ein. Dein Kopf fällt zur Seite auf die Schulter von Jesus. Du bist völlig geborgen. Du hast den Tisch gefunden im Angesicht deiner Not und Verzweiflung. Du bist zur Ruhe gekommen und irrst nicht länger in der Kälte einsam umher. Du hast den Mut gefunden, in dieses Haus zu kommen, obwohl du dich nicht als würdig erachtet hast.

Und nun bis du hier. Angekommen. Versorgt. Geborgen.

Bleibe hier an diesem Tisch.

Lies die Zusprüche deines Vaters nach!
Psalm 119,114 / Psalm 23

Reflektiere

In welchen Alltagssituationen möchte Jesus dir einen Tisch decken?

Was hält dich davon ab, dich an diesen Tisch zu setzen und zu genießen?

Überlege dir konkret, welche Speisen und Getränke Jesus für dich servieren würde und warum. Halte deine Gedanken fest.

Das hat Gott zu mir gesprochen:

Werde praktisch

Am Tisch Gottes zu sitzen hat auch viel mit Genuss zu tun. Die Art und Weise, wie wir essen, ist oft ein Spiegelbild dessen, wie viel Stress wir uns ausgesetzt fühlen. Unausgewogen, schnell zwischendurch, Frustessen usw. Gott möchte deinen Mund mit guten Dingen füllen (Psalm 81,11). Essen kann eine gute Übung sein, in die Ruhe Gottes zu kommen.

Nimm dir ein Stück Brot, ein Stück Obst oder Gemüse.

Setze dich gemütlich hin und schließe die Augen.

Wenn du magst, kannst du dir auch Entspannungsmusik anmachen.

Nimm das Lebensmittel, das du dir ausgesucht hast, in den Mund und nimm mit allen Sinnen wahr, wie es schmeckt, sich anfühlt, duftet.

Wie reagieren deine Geschmacksnerven? Prickelt es im Mund? Ist es scharf, süß, salzig?

Was löst der Geschmack in dir aus? Geborgenheit? Eine bestimmte Erinnerung?

Beende diese Entspannungsübung mit einem Dankgebet. Danke Gott für seine allumfassende Versorgung.

Du hast sicherlich schon bemerkt: Essen ist ein guter Weg, um mit Jesus zu connecten und innerlich zur Ruhe zu kommen. Es ist schon interessant, dass Essen oft genau das Gegenteil in uns bewirkt, oder? Wie gut, dass wir gesundes, ganzheitliches Essverhalten trainieren können.

Versuche diese Tipps in deine Essroutine einzubauen:

- Nimm dir Zeit für ein kurzes Gebet, bevor du mit dem Essen beginnst. Schließe deine Augen und lass deine Hände in deinem Schoss ruhen.

- Kaue bewusst und schmecke mit allen Sinnen. Leg das Besteck beim Kauen ab. Lass dir Zeit, bevor du den nächsten Bissen nimmst.

- Iss nur, wenn dein Bauch dir Hunger signalisiert (z.B. ein Bauchgrummeln), und höre auf zu essen, wenn dein Magen sich voll anfühlt. Lerne neu auf deinen Körper zu hören und bring dir selbst Wertschätzung entgegen, indem du auf die Signale deines Körpers achtest.

- Wenn du Heißhungerattacken bekommst, kannst du versuchen, ein reines ätherisches Öl einzuatmen (synthetische Düfte funktionieren nicht). Zitrusöle, wie zum Beispiel Grapefruit oder Zitrone, eignen sich hierfür sehr gut.

- Iss ausgewogen. Achte auf genügend frisches Gemüse. Verzichte auf übermäßig viel Zucker. Überlege dir, wo du Essen dazu verwendest, um Gefühle zu deckeln.

✣ ✣ ✣

Du darfst weinen

Du darfst weinen

Die mit Tränen säen, werden mit Freuden ernten.

PSALM 126,5

Die heilende Gegenwart des Heiligen Geistes bringt uns oft zum Weinen. Vielleicht hast du das schon öfters erlebt: im Lobpreis, im Gebet, wenn du Segen empfängst. Oft kullern die Tränen einfach drauflos und manchmal wissen wir gar nicht, warum wir gerade weinen. Der Heilige Geist ist der beste Therapeut, unser Tröster und Ratgeber, und er kann tief in unser Unterbewusstsein eindringen. Immer behutsam und liebevoll, niemals brachial oder unvorsichtig. Wenn du tiefe Verletzungen in dir trägst, brauchst du dir niemals Sorgen machen, dass der Heilige Geist ohne deine Erlaubnis Wunden anrührt oder unangenehme Erinnerungen hervorholt.

Ich habe in meiner persönlichen Heilungsreise immer wieder erleben dürfen, wie der Heilige Geist in Therapiesitzungen, im persönlichen Gebet, während eines Segnungsgebets oder manchmal sogar beim Filmschauen, wenn mich eine Szene besonders berührt hat, tiefe innere Heilung angestoßen hat. Die begleitenden Tränen habe ich immer als heilsam, niemals als bedrohlich wahrgenommen. Im sicheren Rahmen mit meiner Therapeutin oder mit Freunden oder einfach zu Hause in meinem Schlafzimmer durfte ich den Tränen freien Lauf lassen.

Ich glaube, wir dürfen wieder lernen zu weinen. Ohne Scham, ohne Druck, ohne Manipulation. Wenn die Tränen kommen, wenn unsere Augen nass werden, dann dürfen wir sie auch fließen lassen.

Tränen haben in der Bibel einen Wert. Unsere Gesellschaft deutet Tränen oft als Zeichen von Schwäche. Gottes Wort aber nimmt Tränen wahr, sieht den Schmerz, die Hilflosigkeit und den Heilungsprozess, der oft mit Tränen verbunden ist. David drückt das in Psalm 56,9 so berührend aus: „Du zählst alle meine Klagen. Sammle alle meine Tränen in einem Gefäß. Du hast doch jede einzelne in deinem Buch festgehalten."

Gott sieht deine Tränen und er verknüpft mit ihnen eine Verheißung: Sie sind wie ein Same, den du pflanzt, und die Frucht wird Freude sein.

Wenn wir anfangen uns ganz auf eine Beziehung mit Jesus einzulassen und ihm Raum geben in unserem Leben, wenn wir ihm erlauben in die aufgerissenen, zerfetzten und zerschlagenen Teile unseres Herzens zu kommen und seinen heilenden Balsam auf die Wunden auszugießen, die wir schon viele Jahre mit uns herumtragen und eher schlecht als recht hinter Pflastern und Bandagen versteckt haben – dann werden wir schnell merken, wie der Heilige Geist uns dazu herausfordert, unser Herz weich und biegsam zu machen.

An diesem Punkt fällt uns auf, dass unser Herz hart und bitter ist und wir dem Heilungsprozess, den Jesus anstoßen möchte, nicht so ganz trauen. Zu tief sitzt das Misstrauen, zu stark schwingt noch die Enttäuschung aus vergangenen Beziehungen mit. Können wir Jesus wirklich vertrauen? Was passiert, wenn wir unseren Schmerz loslassen und einfach weinen?

Heute möchte ich dich dazu herausfordern, den Tränen freien Lauf zu lassen. Vielleicht bist du, wie ich, nahe am Wasser gebaut und das Weinen fällt dir leicht. Aber vielleicht hast du auch schon viele Jahre keine einzige Träne geweint. Egal, wo du stehst: Lass dich einfach auf diesen Moment ein und erlaube dem Heiligen Geist dein Herz zu durchfluten und achte darauf, wie dein Körper auf diese sanften Berührungen reagiert.

Du darfst lernen in der Gegenwart Gottes loszulassen und deinen Emotionen freien Lauf zu lassen. Zu oft verstecken wir das, was in unserem Herzen vorgeht, aus Angst, was andere von uns denken könnten, oder aus Angst vor Kontrollverlust. Wir sind dazu erzogen worden, uns zu beherrschen. Das mag in bestimmten Situationen sicherlich dienlich sein – aber in Gottes Gegenwart dürfen wir so sein, wie wir sind. Dort sind wir sicher, dort dürfen wir weinen, klagen, schreien, jubeln, tanzen, lachen.

Überlege dir: Wenn die Frucht deiner Tränen Freude ist – wie viel Freude möchtest du erleben? Wie möchtest du die Freude ausdrücken? Wenn du nicht gelernt hast deinen Schmerz zu verarbeiten, wie kannst du dann die Freude annehmen, erleben und auch ausdrücken?

Deine Tränen sind eine Art Vorbereitung auf das, was Gott in dir und durch dich tun möchte. Sie bringen dir bei auf die Stimme des Heiligen Geistes zu hören, ihm zu vertrauen, dich ihm ganz und gar hinzugeben. Sie helfen dir dich mit dir selbst zu verbinden, deine Trauer zu definieren, Schmerz zu adressieren. Du lernst mit dir selbst in Einklang zu kommen und deine Sinne ganz auf Gott auszurichten. Du wirst auf diese Weise emotional stabiler und gesünder und kannst deine Berufung ganz anders, viel intensiver ausleben.

Wenn wir als Christen in Authentizität wachsen und reifen, dann gehören Tränen zu diesem Prozess dazu. Sie sind ein Zeichen, dass wir mehr und mehr unser Herz öffnen und Schmerz zugeben und heilen lassen. Wenn wir in der Öffentlichkeit weinen, zum Beispiel im Gottesdienst während der Lobpreiszeit, dann kann uns das dabei helfen, Menschenfurcht abzulegen.

Deine Tränen können für andere einen Raum schaffen, in dem sie sich weich und verletzbar machen können. Unsere Kirchen und Kleingruppen brauchen eine Kultur des Weinens. Wir brauchen mutige Pioniere, die Tränen und alldem, was mit Tränen verbunden ist (Schmerz, Trauma, Verlust, Verletzung, Enttäuschung, Hilflosigkeit etc.), einen Raum und eine Berechtigung geben. Wo kannst du eine Botschafterin oder ein Botschafter für Tränen, für Transparenz und Authentizität werden? Wo und wie kannst du eine Atmosphäre schaffen, wo andere Menschen spüren, dass sie echt sein dürfen und keine Performance abliefern müssen?

Laufe nicht vor deinen Tränen davon! Sie sind wie ein Fluss, der dich tiefer in deine Berufung trägt.

Für dein Herz

Deine Tränen sind wie ein Fluss, der dich tiefer in deine Berufung trägt.

Entspannungsübung

Starte mit der Atemübung.

Setze dich aufrecht hin und achte darauf, wie dein Atem fließt. Wenn du innerlich ruhig geworden bist, dann lege deine Hände geöffnet auf deine Beine oder neben deinen Körper – als Zeichen dafür, dass du loslässt und bereit bist zu empfangen.

Nur wer geweint hat, hat gelebt.

ERNST VON FEUCHTERSLEBEN

Lege nun deine Hände auf deine Brust. Nimm wahr, wie sich dein Brustkorb mit jedem Atemzug hebt und senkt. Verweile hier und spüre, wie dein Atem langsam ruhiger und gleichmäßiger wird.

Sprich in Gedanken beim Einatmen:

Ich darf weinen …

Sprich in Gedanken beim Ausatmen:

… und du zählst meine Tränen.

Meditation

Mein geliebtes Kind, ich sehe dich. Ich habe dich im Blick. Und ich weiß um deinen Schmerz. Ich weiß um deine Trauer. Ich kenne deine Enttäuschung und deine Frustration, ich spüre deine Einsamkeit. Ich weiß um deine Fragen, die Fassungslosigkeit, die Hilflosigkeit, die dich oft lähmt. Tief in dir ist ein großer Krug übervoll mit Tränen, die du noch weinen darfst. Die du aus Scham zurückgehalten hast. Aus Angst, jemand könnte dein Schluchzen verurteilen.

Ich will, dass du weißt: In meiner Gegenwart ist Raum für deine Tränen. Hier darfst du weinen und klagen. Ich zähle jede einzelne deiner Tränen und sammle sie. Und eines Tages werde ich deine Tränen für immer abwischen! Zärtlich werde ich einzelne abtupfen und dich trösten, wie eine liebende Mutter ihr Kind tröstet.

Ich habe dich je und je geliebt und dich aus lauter Güte an mich gezogen. Ich sehe die abgesplitterten und zerbrochenen Teile deines Herzens. Ich will dein Herz vorsichtig in die Hände nehmen und es wieder zusammenfügen. Ich will deine Wunden verbinden. Wenn du weinen musst, dann wiege ich dich in meinem Arm und warte, bis du alle Tränen geweint hast. Ich dränge dich nicht und ich werde nicht ungeduldig. Jede Träne hat ihre Berechtigung.

Vergiss nicht, mein geliebtes Kind: Deine Tränen sind nicht umsonst. Sie bewässern den Boden deines Herzens, sie machen dein Leben fruchtbar. Denn ich kann deinen Schmerz in Segen verwandeln und deine Wunden in Waffen, die anderen Freiheit bringen. Nein, dein Schmerz ist nicht umsonst! Deine Tränen werden Freude hervorbringen – in dir und in anderen. Sie sind eine Verheißung, dass die Geschichte noch nicht zu Ende ist.

Wenn du mich an deinen Schmerz heranlässt und mir erlaubst dich zu heilen, werde ich die Dunkelheit in dir in helles Licht verwandeln. Du wirst staunen, wie ich deine Traurigkeit in Freude verwandle. Wie ich die zerbrochenen Träume wiederbelebe und dich in neues

Land führe, wo Milch und Honig fließen. Vertraue dich mir an. Vertraue mir. Deine Tränen sind nicht das Ende – sie sind der Anfang.

Lies die Zusprüche deines Vaters nach!
Offenbarung 21,4 / Jesaja 66,13 / Jeremia 31,3 / Psalm 147,3 / Johannes 16,20

Reflektiere

Wann hast du das letzte Mal geweint und warum?

Wie hast du dich dabei gefühlt?

Wie kannst du besser für dich sorgen, damit Tränen leichter fließen können?

Das hat Gott zu mir gesprochen:

Werde praktisch

Weinen ist anstrengend. Einen Schmerz auszuhalten, kostet viel Kraft und Energie. Es ist wichtig, dass du lernst, gut für dich zu sorgen und dir Auszeiten zu gönnen. Gerade das Gesicht leistet viel Arbeit, wenn wir weinen. Nach dem Weinen spüren wir oft leichte Kopfschmerzen, die Stirn ist angespannt und die Augen brennen. Egal, ob du die folgende Übung als Pflege nach dem Weinen machst oder grundsätzlich als Unterstützung für deinen emotionalen Haushalt – wenn du sie regelmäßig anwendest, können die Tränen leichter fließen, und du kannst dich schneller wieder erholen.

Ätherische Öle sind auch hier wieder eine wunderbare Unterstützung für deine Emotionen. Ich empfehle dir folgende: Lavendel, Rose, Melisse, Zedernholz oder Weihrauch. Du kannst auch ein anderes ätherisches Öl verwenden, wenn du damit Leichtigkeit und Freude verbindest.

Wenn du diese Übung duftfrei gestalten möchtest, dann lass die ätherischen Öle einfach weg.

Fülle in eine 30-ml-Glasflasche mit Pipettenaufsatz 10 bis 15 Tropfen von dem ätherischen Öl deiner Wahl.

Gib ein fettes Öl dazu, z. B. Jojobaöl, Mandelöl oder Kokosöl (auf Bioqualität achten!).

Verschließe die Flasche und kippe sie ein paar Mal hin und her, bis sich das fette Öl mit den ätherischen Ölen komplett vermischt hat.

Binde am besten deine Haare nach hinten, damit sie nicht mit dem Öl in Berührung kommen, und tropfe 3 bis 4 Tropfen der Ölmischung in deine Handfläche. Verreibe es kurz und streiche mit deinen Handflächen über dein Gesicht, deinen Hals und dein Dekolleté. Massiere deine Schläfen, deine Stirn, die untere Augenpartie und genieße das weiche Gefühl des Öls auf deiner Haut.

Schwierige Zeiten annehmen

Schwierige Zeiten annehmen

Aber Segen soll über den kommen, der seine ganze Hoffnung auf den Herrn setzt und ihm vollkommen vertraut. Dieser Mann ist wie ein Baum, der am Ufer gepflanzt ist. Seine Wurzeln sind tief im Bachbett verankert: Selbst in glühender Hitze und monatelanger Trockenheit bleiben seine Blätter grün. Jahr für Jahr trägt er reichlich Frucht.

JEREMIA 17,7-8

Gestern haben wir uns viele Gedanken über Tränen gemacht und wie wir mit unserem Schmerz umgehen können. Diese Phasen in unserem Leben, wo wir weinen und uns einsam fühlen, sind nicht einfach auszuhalten und unser menschlicher Instinkt drängt uns zur Flucht. Raus aus der Enge, der Angst. Weg von Mangel und Einsamkeit. Und doch ist es für unseren Weg mit Jesus unabdingbar, diese Wüstenzeiten zu durchleben und zu durchleiden. Ich denke, wir versuchen Tränen so oft zu vermeiden, weil wir uns nicht eingestehen wollen, dass unser Leben gerade nicht so läuft, wie wir es gerne hätten oder wie wir es uns erträumt haben.

Wenn Gott uns in die Wüste führt, dann kommt es ganz auf unser Vertrauen an. Folgen wir ihm, auch wenn wir nichts verstehen? Folgen wir ihm, wenn sich der Weg nach einem Umweg anfühlt und die Umstände uns massiv bedrohen und belasten? Befindest du dich gerade in einer Dürrezeit oder genießt du eine Oase, mit der der Herr dich gesegnet hat?

Unser Leben ist in Abschnitte aufgeteilt: magere und fette Jahre. Und es gilt, sich in den mageren Zeiten ganz an Jesus zu hängen und mit ihm durch diese dunklen Täler zu gehen. Die Lektionen, die wir an diesen dunklen Orten lernen, sind essenziell wichtig, wenn wir wieder in besseren Zeiten ankommen. Der Herr will uns trainieren und uns fit machen unsere Berufung in voller Kapazität ausleben zu können. Immer wieder holt er uns von der Bühne und ruft uns ins Verborgene, um neu zu begreifen und zu verinnerlichen, dass wir ohne ihn nichts tun können.

Diese Wüstenzeiten sind oft hart und schmerzhaft und wir würden gerne diese Trainingseinheiten überspringen, aber Gott prüft unseren Glauben wie Gold im Feuer, damit er uns noch mehr von seinem Segen anvertrauen kann. Es lohnt sich, sich ganz und gar diesem glühenden Feuer hinzugeben und Gott ganz zu vertrauen.

Gottes Ziel ist es niemals, uns zu zerstören, sondern er will uns von innen aufbauen und stärken. Das geht nur, indem er uns unseren Stolz und unsere vermeintliche Unabhängigkeit von ihm zeigt und unser Herz weich und biegsam modelliert. Er verwendet unfaire, schmerzhafte Lebensumstände, Angriffe des Teufels, menschliche Unzulänglichkeiten, um uns zu formen.

> ***Wir brauchen nicht so fortzuleben, wie wir gestern gelebt haben. Machen wir uns von dieser Anschauung los, und tausend Möglichkeiten laden uns zu neuem Leben ein.***
>
> CHRISTIAN MORGENSTERN

Unsere Aufgabe in diesen Lebensphasen ist, ihm unser Ja zu geben und dieses Training anzunehmen und zu akzeptieren. Es ist ein Zeichen von Gottes großer Liebe zu dir und zu mir, dass er uns erzieht, dass er uns fit und fähig für die Berufung macht, die auf meinem und auf deinem Leben liegt. Er tut das, weil er um das Potenzial weiß, das in dir noch verborgen ist, und weil er dein ganzes Leben im Blick hat.

Diese mageren Zeiten fordern uns auch dazu heraus, unsere eigenen Ambitionen auf den Altar zu legen und bereit zu sein, das Leben zu leben, zu dem Gott uns ruft. Wir sterben in diesen Zeiten zu uns selbst, damit wir leben können. Und meistens sieht alles danach aus, als wäre das Ende gekommen. Als wären alle unsere Träume, alle unsere Vorhaben, alles, was in der letzten Phase unseres Lebens noch geblüht hat, verdorrt. Doch das ist nicht die Wahrheit.

Du bist eine der Weinreben, die der Weinbauer beschneidet, damit sie noch mehr gute Frucht bringen kann. Nur weil du schon fruchtbar bist, bist du es wert, beschnitten zu werden. Wärst du ein verdorrter Ast, der keine Frucht produziert, würdest du nicht beschnitten werden. Es ist eine Ehre, eine Auszeichnung, wenn Gott dich stutzt, damit noch mehr Frucht hervorkommen kann.

Lässt du das zu? Akzeptierst du diese schmerzhaften Eingriffe? Ergreifst du die Vision, die Gott für dein Leben hat? Kannst du diese temporären Dürrephasen aushalten, weil du im Geist bereits siehst, was Gott noch vorbereitet hat?

Für dein Herz

Nur weil du schon fruchtbar bist, bist du es wert, beschnitten zu werden.

Entspannungsübung

Starte mit der Atemübung.

Setze dich aufrecht hin und achte darauf, wie dein Atem fließt. Wenn du innerlich ruhig geworden bist, dann lege deine Hände geöffnet auf deine Beine oder neben deinen Körper – als Zeichen dafür, dass du loslässt und bereit bist zu empfangen.

Lege nun deine Hände auf deine Brust. Nimm wahr, wie sich dein Brustkorb mit jedem Atemzug hebt und senkt. Verweile hier und spüre, wie dein Atem langsam ruhiger und gleichmäßiger wird.

Sprich in Gedanken beim Einatmen:

Herr, du hast mein Ja!

Sprich in Gedanken beim Ausatmen:

Ich folge dir in die Wüste.

Meditation

Mein geliebtes Kind,

ich weiß, es tut weh, in der Wüste zu sein. Du hast meine Stimme gehört und bist mir gefolgt und nun findest du dich in einer Umgebung wieder, die dir zu schaden scheint. Ich höre deine Bitte um Auswege und weiß um deine Sehnsucht nach mehr vom Leben.

Glaube mir, diese Zeit ist der Schlüssel für mehr Freiheit und mehr Freude in deinem Herzen. Diese Zeit bereitet dich darauf vor, mir noch hingegebener dienen zu können und auf diese Weise das Leben zu begreifen, wie ich es mir von Anbeginn für dich gedacht habe.

Wenn ich dich in die Wüste führe, dann will ich freundlich zu dir sprechen. Es ist keine Strafe, sondern eine Einladung für tiefere Gemeinschaft mit mir. Ich will deine geistlichen Ohren sensibel machen für meine Stimme und dein Herz weich machen für all das, was ich dir beibringen möchte.

Mein Ziel ist es, dass du dich mit allen Sinnen auf mein Wort einlässt und es tief in dein Sein pflanzt, sodass du meine Wahrheit atmest und lebst. So verliert der Feind alle Macht über dich und du bist ein starker Baum, gepflanzt an Wasserbächen, und deine Frucht ist süß und nährend. Du wächst zu einer starken Säule in meinem Reich und viele können sich an dich lehnen und von dir lernen.

Durch deine Bereitschaft, mir in die Wüste zu folgen und meine Wege zu akzeptieren, die so viel höher als deine Wege sind, wirst du mich auf eine Art und Weise kennenlernen, die denen verborgen bleibt, die sich auf sich selbst verlassen.

Ich freue mich, dass du mir bedingungslos und voller Vertrauen folgst. Ich sehe und wertschätze die Opfer, die du bringst, um mir nachzugehen. Dein Glauben wird reiche Frucht bringen! Deine

Hingabe wird Türen aufsprengen und Wege ebnen. Meine Kraft wird sich in dir voll entfalten können, denn du hast keine Angst vor Schwäche. Du gibst mir Raum, damit ich in dir wirken kann, und das, was ich in dir tue, wird hinfließen zu anderen und sie mit meiner Liebe bekannt machen.

Genieße nun meine Gegenwart. Ich nähre und fülle dich mit guten Dingen. Ich gebe dir lebendiges Wasser. Ich stärke dich und gebe dir neuen Mut.

Lies die Zusprüche deines Vaters nach!
Jesaja 40,2 / Psalm 1 / Psalm 81,11 / Johannes 4,14

Reflektiere

Befindest du dich gerade in einer mageren oder fetten Lebensphase? An welchen Umständen, Gefühlen etc. machst du deine Einschätzung fest?

Was kannst du in dieser Lebensphase über Gott lernen? Welche Eigenschaften offenbart er dir?

Fällt es dir leicht, dich unter Gottes Willen zu beugen und auch die mageren Lebensphasen anzunehmen und darin aufzublühen?

Werde praktisch

Gerade wenn wir herausfordernde und stressige Zeiten erleben, ist es wichtig, gut für unseren Körper zu sorgen. Unser Körper ist der Tempel des Heiligen Geistes und wir müssen sensibel dafür sein, was unser Körper benötigt, um gut zu funktionieren. Wenn wir dauerhaft körperliche Symptome ignorieren, kann uns das in Zukunft einschränken. Ich lerne mehr und mehr, wie wichtig es ist, unseren Körper zu pflegen, dass wir unsere Berufung in vollem Umfang ausleben können.

Self-Care-Tipps

Lies täglich die Bibel.

Mach im Hintergrund dir Lobpreis an.

Füttere deinen Geist mit gutem Input, zum Beispiel mit Predigten oder ermutigenden Podcasts.

Nimm das Abendmahl.

Bewege dich regelmäßig.

Achte auf ausgewogene Ernährung und verzichte weitestgehend auf Zucker.

Achte auf genügend Schlaf.

Gönne dir Wellness-Momente im Alltag, zum Beispiel die Gesichtsmassage aus Kapitel 5, ein Vollbad, einen Saunabesuch, Zeit mit Freunden oder einen Spaziergang im Wald.

Teile dich mit und öffne dein Herz vor anderen.

Lass für dich beten und lass dich salben.

ENTSPANNUNG

Sauna-Feeling am Küchentisch

Gönne deiner Haut ein wohltuendes Dampfbad – das ist Erholung und Entspannung pur und reinigt ganz nebenbei deine Poren.

SO GEHT'S!

Gib dafür 3 bis 4 Tropfen ätherisches Öl in eine große Glasschüssel. Hier eignen sich z.B. Zitrone, Orange, Grapefruit, Blauer Eukalyptus oder Lavendel.

Erwärme Wasser im Wasserkocher (nicht kochen lassen!) und gieße das Wasser in die Schüssel zu dem Öl.

Breite ein großes Handtuch über deinen Kopf und genieße den Wasserdampf und den herrlichen Duft!

Lass nebenbei ein Lobpreislied laufen.

Nach ungefähr 10 Minuten kannst du dein Gesicht abtupfen und mit einer Gesichtspflege eincremen.

Gott hat mehr für dich

Gott hat mehr für dich

Öffne deinen Mund weit, ich will ihn mit guten Dingen füllen.

PSALM 81,11

❋ ❋ ❋

Um empfangen zu können, brauchst du eine empfangende Haltung. Leere Hände, ein offenes Herz, einen wachen Blick und auch das Eingeständnis, dass du etwas brauchst. Oft sind wir uns unserer Bedürfnisse gar nicht bewusst und können so auch nicht das empfangen, was uns angeboten wird. Zum Beispiel praktische Hilfe, Unterstützung, Ratschlag, Gebet.

Oft drehen wir uns so sehr um uns selbst, dass wir gar nicht wahrnehmen, dass uns etwas fehlt. Oder wir sind zu stolz, um zuzugeben, dass wir es allein nicht schaffen können. Dass wir eine Ergänzung brauchen. Oder wir denken, dass wir es nicht wert sind zu empfangen. Wir sind es nicht wert, Freundschaften zu haben oder finanzielle Versorgung oder eine persönliche Begegnung mit Jesus.

Um in eine Haltung des Empfangens hineinzukommen, brauchen wir vor allem eines: Demut. Wir müssen uns leer machen, um gefüllt zu werden. Etwas loslassen, dass uns etwas gegeben werden kann. Wir müssen uns wie ein Kind abhängig machen von der Versorgung durch jemand anderen.

Dadurch machen wir uns verletzlich und angreifbar. In unserer Gesellschaft, wo wir ständigem Input ausgesetzt sind und 24/7 Lärm um uns herum ist, ist das leichter gesagt als getan. Es braucht Rückzugsorte zum Empfangen, ein Stillwerden, ein aufmerksames Hinhören auf die leise, sanfte Stimme des Heiligen Geistes. Es braucht auch die Erkenntnis, dass man nicht immer gebraucht wird, dass man mal weg sein darf, dass der Instagram-Account nicht ständig mit Content beliefert werden muss.

Sich selbst zu wichtig nehmen steht nämlich dem Empfangen im Weg und irgendwann finden wir uns selbst leer und ausgebrannt wieder.

Gerade bei Christen gibt es auch oft eine falsch interpretierte Nächstenliebe. Wenn wir nicht lernen uns zuerst zu lieben und uns von Jesus füllen zu lassen, wenn wir unsere Bedürfnisse nicht anerkennen und uns selbst übergehen – wie können wir jemals im vollen Umfang und mit größter Barmherzigkeit andere lieben und andere umsorgen? Es fängt bei uns selbst an. Es hat überhaupt nichts mit Egoismus zu tun, wenn wir uns selber im Blick haben, auf unsere Bedürfnisse eingehen und einfach nur empfangen.

Wenn ich diesen Vers aus Psalm 81 lese, dann fällt mir das Bild von einem Vogelbaby ein, das den Schnabel weit aufsperrt, um das Futter von der Mutter zu erhalten. Oder ich sehe einen Säugling vor mir, der instinktiv den Mund öffnet und die Brust der Mutter sucht. Beide Bilder sprechen von absoluter Abhängigkeit und zarter Verletzlichkeit.

An diesen Ort möchte der Heilige Geist uns führen: an einen Ort, an dem wir uns leer machen von unseren Ambitionen, Errungenschaften, Auszeichnungen und einfach nur hilflos den Mund öffnen und auf den Segen warten, den Gott schenken möchte. An einen Ort, an dem ein liebevoller Austausch zwischen unserem himmlischen Vater und uns stattfindet. An einen Ort, an dem die Erfahrung, dass Gott sich kümmert, unsere tiefsten Herzenswunden heilen kann. An einen Ort, an dem die Treue Gottes sich zeigt und uns stark macht für die Herausforderungen des Lebens.

Für dein Herz

Dem Empfangen geht eine Leere voraus.

Entspannungsübung

Starte mit der Atemübung.

Setze dich aufrecht hin und achte darauf, wie dein Atem fließt. Wenn du innerlich ruhig geworden bist, dann lege deine Hände geöffnet auf deine Beine oder neben deinen Körper – als Zeichen dafür, dass du loslässt und bereit bist zu empfangen.

Lege nun deine Hände auf deine Brust. Nimm wahr, wie sich dein Brustkorb mit jedem Atemzug hebt und senkt. Verweile hier und spüre, wie dein Atem langsam ruhiger und gleichmäßiger wird.

Sprich in Gedanken beim Einatmen:

Du bist hier …

Sprich in Gedanken beim Ausatmen:

… ich will dir begegnen.

Meditation

Mein geliebtes Kind!

Ich habe gute Dinge für dich vorbereitet, ich habe gute Gedanken über dein Leben und ich will dich mit allen Segnungen des Himmels überschütten. In meiner Gegenwart gibt es keinen Mangel – in mir hast du alles, was du brauchst für dein Leben. Schmecke und sieh, dass ich gut bin und es gut mit dir meine. Nimm mit allen deinen Sinnen wahr, dass ich für dich bin und nicht gegen dich. Spüre, was das bedeutet! Du hast den Gott des Universums, der alle Sterne gezählt und benannt hat, auf deiner Seite.

Ich habe so viel Gutes für dich vorbereitet und freue mich darauf, es dir zu schenken. Willst du es empfangen? Bist du bereit dafür? Vertraust du mir, dass ich es gut mit dir meine? Öffne deine Hände. Öffne dein Herz. Öffne deinen Mund. Lass dich nicht davon abhalten, was andere von dir denken könnten. Konzentriere dich nur auf mich und meine Gegenwart. Ich bin alles, was du brauchst. Mein Name ist Jahwe Jireh. Ich bin dein Versorger.

Lege nun allen Kleinglauben und allen Unglauben ab wie einen alten, verstaubten Mantel. Lass mich dich kleiden mit Kleidern der Gerechtigkeit. Lass mich dich mit guten Dingen versorgen und umgeben. Lass mich genug sein für dich! Fülle dein Herz jetzt schon mit Dankbarkeit für das, was noch kommen wird. Freue dich an mir und du wirst erleben, wie sich dein Herz mit Wünschen füllt, die mir wohlgefällig sind und dich und andere über alle Maßen segnen.

Lies die Zusprüche deines Vaters nach!
Jeremia 29,11 / Epheser 1,3 / 2. Petrus 1,3 / Psalm 34,9 / Römer 8,31 / Psalm 147,4

Reflektiere

Fällt es dir leicht zu empfangen? Was empfindest du, wenn du darüber nachdenkst, ein Geschenk zu erhalten – einfach so?

Wie hast du Gottes Güte in der vergangenen Woche erlebt?

Was bedeutet es für dich ganz praktisch, von Gott zu empfangen? Welche Herzenswünsche hast du gerade?

Werde praktisch

Empfangen zu können hat viel mit Dankbarkeit zu tun. Dankbarkeit ist wie ein Pflug, der unseren Herzensboden darauf vorbereitet, mit guten Dingen bepflanzt zu werden. Dankbarkeit ist die Vorbereitung auf den kommenden Segen, Dankbarkeit trainiert uns gute Empfänger zu sein.

Schreibe dir einen oder zwei Gebetsanliegen auf, bei denen du noch keinen Durchbruch erlebt hast, und danke Gott, dass er in seiner Weisheit und in seiner Gnade genau weiß, wann und wie er eingreifen wird.

Danke ihm im Voraus für die Wunder, die er tun wird, und für den Segen, den er ausgießen wird.

* * *

Gott ist ein Gott der Gegenwart. Wie er dich findet, so nimmt und empfängt er dich, nicht als das, was du gewesen, sondern als das, was du jetzt bist.

MEISTER ECKHART

Gib den Segen weiter

Gib den Segen weiter

Wer an mich glaubt, aus dessen Innerem werden Ströme lebendigen Wassers fließen, wie es in der Schrift heißt.

JOHANNES 7,38

Du lebst, um ein Segen zu sein. Salz und Licht. Du lebst, um eine Veränderung in der Welt hervorzurufen, einen Fußabdruck in der Geschichte zu hinterlassen. Du lebst, weil Gott gute Werke für dich vorbereitet hat, die Liebe und Gerechtigkeit in diese Welt tragen.

Wenn du von Gott empfängst, dann niemals nur für dich selbst. Das lebendige Wasser, von dem Jesus spricht, ist kein Swimmingpool, in dem wir gemütlich unsere Bahnen schwimmen und uns gelegentlich erfrischen, es ist ein fließendes Gewässer. Es muss raus, es muss hin zu anderen. Zu oft behalten wir den Segen, den wir empfangen, nur für uns selbst – mit der Zeit fängt so ein stehendes Gewässer an zu stinken. Segen, den wir empfangen, ist zum Teilen da.

Wenn Gott uns segnet, dann gibt er uns gleichzeitig einen Auftrag und eine Verantwortung, mit diesem Segen gut umzugehen. Natürlich dürfen wir das genießen, was Gott uns so großzügig gibt – aber wir sollten uns auch immer wieder fragen: Wie kann ich das, was Gott mir anvertraut, anderen zugutekommen lassen? Wie kann ich das, was ich besitze, mit anderen teilen? Wie kann ich Gottes Großzügigkeit widerspiegeln?

Der Segen Gottes funktioniert wie ein Kreislauf: Wir kommen leer vor ihn und wissen um unsere Abhängigkeit. Wir empfangen großzügig und dürfen diese göttliche, väterliche, fürsorgliche Liebe genießen. Wir sind gestärkt und bestätigt durch diese Liebe und teilen mit offenen Händen aus, was Gott uns zuvor geschenkt hat. Wir stehen vor Gott, um neu zu empfangen. Im idealen Fall ist das ein ständiger Flow, ein Geben und Nehmen – niemals entsteht ein Mangel.

Ich stelle mir das wie einen Springbrunnen vor, der von unten gespeist wird, damit oben das Wasser sprudeln kann. Wenn das Wasser wieder im Becken landet, wird es wieder neu von unten geholt, um wieder nach oben gedrückt zu werden. So ein Lebensstil des Segnens bedarf einer tiefen Intimität mit Jesus und es bedarf eines weichen, formbaren Herzens. Sobald Stolz, Geiz, Missgunst, Neid sich in unser Herz schleichen, ist dieser Segensfluss durchbrochen. Nicht nur wir können Segen nicht mehr ungehindert empfangen, er kann auch nicht mehr frei weiter zu anderen fließen.

Auch der Gedanke, nichts geben zu können, behindert den Segensfluss. Falsch verstandene Demut hält uns davon ab, großzügig in andere zu investieren. Oder wenn es uns nicht gut geht und wir uns lieber um uns selbst drehen – gerade dann ist der richtige Zeitpunkt, den Blick für andere zu öffnen.

Die größten Segensgeber sind diejenigen, die sich voll und ganz von Jesus lieben lassen. Die sich in seine Gegenwart hineingeben und sich komplett öffnen für ihn. Die nicht zurückhalten, die ihr Herz an keine weltlichen Güter hängen, sondern ihre Schätze im Himmel sammeln. Diesen Menschen kann Gott auch viel Segen anvertrauen, denn er weiß, dass sich der Segen durch sie multiplizieren wird.

Auf gewisse Weise testet Gott unsere Herzen immer wieder. Sind wir bereit andere durch unsere Ressourcen zu segnen? Sind wir bereit auf etwas zu verzichten, sodass jemand anderes gesegnet werden kann? Vertrauen wir darauf, dass Gott uns im Blick hat? Wenn wir unser Herz immer wieder diesen Prüfungen aussetzen und diese Feuerproben durchlaufen, dann wird dieser Segensfluss mehr und mehr in Fahrt kommen. Für uns persönlich, aber auch ganz besonders für andere.

Für dein Herz

Ein Lebensstil des Segnens bedarf einer tiefen Intimität mit Jesus.

Entspannungsübung

Starte mit der Atemübung.

Setze dich aufrecht hin und achte darauf, wie dein Atem fließt. Wenn du innerlich ruhig geworden bist, dann lege deine Hände geöffnet auf deine Beine oder neben deinen Körper – als Zeichen dafür, dass du loslässt und bereit bist zu empfangen.

Lege nun deine Hände auf deine Brust. Nimm wahr, wie sich dein Brustkorb mit jedem Atemzug hebt und senkt. Verweile hier und spüre, wie dein Atem langsam ruhiger und gleichmäßiger wird.

Sprich in Gedanken beim Einatmen:

Herr, ich gebe dir meine Sorgen.

Sprich in Gedanken beim Ausatmen:

Ich empfange deinen Frieden.

Meditation

Mein geliebtes Kind! Ich freue mich, wenn du zu mir kommst, um dich füllen zu lassen. Wenn du erkennst, dass nur mein Frieden deine Unrast beruhigen kann und nur meine Liebe dein Herz füllen kann. Wie gerne teile ich mit dir, wie gerne lasse ich dich teilhaben an der himmlischen Freude. Komme nun zur Ruhe, mein Kind, und lass dich von mir beschenken.

Ich habe gute Werke für dich vorbereitet und habe gute Gedanken über dich. Zukunft und Hoffnung will ich dir schenken und dich mit allem ausstatten, was du brauchst, um ein mir gefälliges Leben zu leben. Du musst dir nichts krampfhaft erarbeiten, du musst dich niemals unter Druck setzen – die Frucht in deinem Leben kommt durch die Abhängigkeit zu mir.

Je mehr du erkennst, dass du ohne mich nichts tun kannst, desto mehr wirst du den Segen, den ich dir schenken möchte, erkennen und genießen können. Der Preis ist bezahlt, das Blut meines Sohnes ist ausgegossen worden – für dich! Du hast nun Zutritt ins Allerheiligste, in meinen Thronsaal, und du kannst mir begegnen – ohne Angst vor meiner Heiligkeit. Du kannst meine Liebe erfahren. Wo meine Liebe ist, da ist keine Furcht, und wo mein Geist ist, da ist Freiheit. Genieße diese wunderbare Wahrheit, die alles verändert. Du bist frei, tatsächlich frei, und musst nicht länger versklavt leben.

Die Freiheit, in der du lebst, kann andere auf mich aufmerksam machen. Du hast den größten Schatz gefunden. Teile ihn nun mit anderen. Lass das lebendige Wasser, das in dir sprudelt, zu anderen hinfließen. Das ist ein natürlicher Prozess und du musst dich nicht verbiegen. Öffne einfach dein Herz und deinen Mund.

Höre auf die Stimme des Heiligen Geistes, der dich leitet und dich auf Dinge und Menschen aufmerksam macht. Bleibe in der engen Verbindung zu mir und erkenne, dass du in diese Welt gesetzt bist, um meine Liebe und meine Gerechtigkeit weiterzugeben. Weil du geliebt bist, kannst du andere lieben. Weil dir vergeben ist, kannst du anderen vergeben. Weil dir geholfen ist, kannst du anderen helfen. Lass dich von mir füllen, bis du überfließt.

Lies die Zusprüche deines Vaters nach!
Epheser 2,10 / Jeremia 29,11 / 2. Petrus 1,3 / Johannes 15,5 / Matthäus 27,51 / 1. Johannes 4,18 / 2. Korinther 3,17 / 1. Korinther 7,23 / Matthäus 13

Reflektiere

Inwiefern hast du schon erlebt, dass das lebendige Wasser aus dir heraus zu anderen hinfließt?

Welchen Segen, den du empfangen hast, kannst du mit anderen teilen? Wie kann das konkret aussehen?

Was hält dich davon ab, Gottes Großzügigkeit ohne Kompromisse widerzuspiegeln?

Werde praktisch

Nimm dir vor in den nächsten 24 Stunden einen Menschen ganz bewusst zu segnen.

> Überlege dir, wie Gott dich erst kürzlich gesegnet hat, und gib diesen Segen weiter.
>
> Bereite etwas vor – eine Karte mit Bibelvers, backe einen Kuchen oder koche ein Mittagessen, habe Extrageld im Geldbeutel, das du jemandem in die Hand drücken kannst.

Andere zu segnen, geht in unserem hektischen Alltag oft unter, da ist es gut, vorbereitet zu sein. Ich hatte zum Beispiel lange Zeit kleine Kärtchen mit Bibelversen in meinem Geldbeutel und konnte so vielen Menschen Gottes Wort weitergeben. Ziel ist es, dass wir mit offenen Augen durch unser Leben gehen und immer bereit sind andere an dem Segen, den wir von Gott empfangen haben, teilhaben zu lassen.

REZEPT

Bestes Brot

ZUTATEN

- 2 Tassen Weizenmehl
- ¼ TL Trockenhefe
- 1 TL Salz
- 1 Tasse Wasser

SO GEHT'S!

Alles gut in einer Schüssel vermengen und bei Zimmertemperatur 12 Stunden ruhen lassen.

Den Teig nach der Gehzeit auf eine bemehlte Fläche geben, leicht andrücken und dann von jeder Seite einmal in der Mitte falten.

Das Brot auf ein bemehltes Küchentuch legen, mit etwas Mehl oder Grieß bestreuen und 30 Minuten ruhen lassen.

Das Brot anschließend auf ein Blech legen und im vorgeheizten Ofen bei 250 Grad ca. 40 Minuten backen.

✣ ✣ ✣

Die Gnade erfasst alles und lässt keinen Winkel frei.

ANTONIUS VON PADUA

Bearbeite deinen Herzensboden

Bearbeite deinen Herzensboden

Das Himmelreich ist wie ein Schatz, den ein Mann in einem Feld verborgen fand. In seiner Aufregung versteckte er ihn wieder und verkaufte alles, was er besaß, um genug Geld zu beschaffen, damit er das Feld kaufen konnte – und mit ihm den Schatz zu erwerben!

MATTHÄUS 13,44

Wir haben es gerne sauber und glatt poliert. Wir lieben es, wenn uns Dinge in den Schoß fallen, wenn wir sie auf einem Silbertablett serviert bekommen. Wir Christen im Westen sind oft träge und bequem. Doch Nachfolge ist Arbeit und fordert Ausdauer. Wir müssen aktiv werden, uns auf die Suche begeben und mit unseren Händen graben.

Ich liebe das kurze Gleichnis von dem Schatz im Acker. Da lag nicht einfach eine offene Schatzkiste auf dem Feld, der Schatz war verborgen. Der Mann hat diesen Schatz wahrscheinlich während der Arbeit gefunden. Es war noch nicht einmal sein eigener Grund und Boden – eventuell war er ein Leiharbeiter und entdeckte diesen Schatz im Boden. Daraufhin war er bereit all sein Hab und Gut zu verkaufen, damit er das Land erwerben konnte.

Dieses Gleichnis ist so vielschichtig und stellt uns vor allem die Frage: Wären wir bereit alles hinzugeben, um diesen Schatz bergen zu können? Wären wir überhaupt bereit einen Boden unter Schwerstarbeit zu beackern? Kämen wir in diese Situation, einen Schatz finden zu können – oder sind wir eher geistliche Couch-Potatoes, die lieber andere arbeiten lassen?

Christsein ist ein beständiges Graben. Es geht vor allem um die Tiefe – nicht um die Weite oder die Höhe. Wir stoßen auf Wurzelwerk, Unkraut, Steine – all das muss beiseitegeräumt werden, dass unser Herzensboden weich und locker und fruchtbar sein kann. In die Tiefe zu graben, ist mühsam und dreckig. Viel lieber würden wir einjährige Samen säen, die man nur auf die Oberfläche der Erde streut und ein wenig begießt.

Nach ein paar Wochen wachsen diese Pflanzen schon und blühen. Sie wurzeln nicht tief und blühen auch nur für einen Sommer. Dabei möchte der Herr Bäume aus uns wachsen lassen, mit tiefen Wurzeln und breiten Stämmen. Bäume, nah am Wasser gebaut, die anderen Schutz und Unterschlupf bieten und denen kein Sturm etwas anhaben kann.

> ***Auch das kleinste Ding hat seine Wurzel in der Unendlichkeit, ist also nicht völlig zu ergründen.***
>
> WILHELM BUSCH

Gott hat Schätze für uns versteckt, die wir niemals finden werden, wenn wir uns mit Oberflächlichkeiten zufriedengeben und nicht bereit sind in die Tiefe zu wachsen. Gott hat Kostbarkeiten für uns bereit, die wir nicht entdecken können, wenn wir nicht unsere Hände dreckig machen und das Graben anfangen. Es geht nicht um Reichweite, nicht um Follower, nicht um Klicks, nicht um Likes – es geht um deine Bereitschaft, dich auf deine Knie zu begeben und deinen Herzensboden zu bearbeiten. Du wirst Schätze finden und deine Wurzeln werden tiefer wachsen als je zuvor.

Für dein Herz

Christsein ist ein beständiges Graben in die Tiefe.

Entspannungsübung

Starte mit der Atemübung.

Setze dich aufrecht hin und achte darauf, wie dein Atem fließt. Wenn du innerlich ruhig geworden bist, dann lege deine Hände geöffnet auf deine Beine oder neben deinen Körper – als Zeichen dafür, dass du loslässt und bereit bist zu empfangen.

Lege nun deine Hände auf deine Brust. Nimm wahr, wie sich dein Brustkorb mit jedem Atemzug hebt und senkt. Verweile hier und spüre, wie dein Atem langsam ruhiger und gleichmäßiger wird.

Sprich in Gedanken beim Einatmen:

Herr, du hast mein Herz!

Sprich in Gedanken beim Ausatmen:

Ich gebe es dir ganz hin.

Meditation

Mein geliebtes Kind! Ich freue mich, dich zu sehen. Ich freue mich an dir und über dich. Ich bin begeistert von dir. Mein Herz ist erfüllt von väterlichem Stolz und tiefer Liebe für dich. Du bist mein Meisterwerk und es ist mein Wille und meine Freude, dass du lebst.

Ich habe für dich viele wunderbare Dinge vorbereitet. Und ich ermutige dich, diesen Schätzen nachzugehen. In deinem vollen Alltag vergisst du oft innezuhalten und diese Schätze wahrzunehmen. Oft erkennst du meine Liebesbeweise nicht, weil du so beschäftig bist. Wenn die Sonne durch das Fenster fällt und Muster auf deine Möbel malt, dann will ich dir sagen, dass ich dich liebe. Wenn der Wind durch die Bäume rauscht und die Blätter knistern, dann will ich dir sagen: Ich bin da. Wenn du abends im Bett liegst und der Uhr beim Ticken zuhörst, dann erfülle ich den Raum mit meiner Gegenwart.

Gehe ein paar Schritte langsamer und beginne, mich in deiner Umgebung zu suchen und zu erahnen. Ich bin überall. Meine Gegenwart umgibt dich wie ein weiches, leichtes Tuch.

Ich baue mein Reich in dieser Welt. Es wächst und wird stärker. Mein Frieden nimmt nicht ab, sondern er bleibt für immer bestehen. Ich suche nach Anbetern, die mein Reich und meine Gesetze verstehen und annehmen und mit Freude danach leben. Ich suche nach Jüngern, die bereit sind tief zu graben und sich nicht mit den Antworten der Welt zufriedengeben. Wirst du nach mir suchen? Wirst du tief graben, um die Schätze zu finden, die ich für dich vorbereitet habe? Wirst du bereit sein, Unkraut und Steine aus dem Weg zu räumen, dass dein Herzensboden fruchtbar und empfänglich für meinen Segen wird?

Erlaube mir dein Herz zu bearbeiten wie einen Ackerboden. Es wird manchmal wehtun. Es wird tief gehen. Grabe mit mir gemeinsam. Lass uns deinen Herzensboden weich und locker machen.

Erlaube mir Samen zu pflanzen, die ein tiefes Wurzelwerk entwickeln werden. Das braucht Geduld und Ausdauer. Du wirst nicht sofort das Endergebnis sehen. Sei treu darin, Unkraut und Dornen und Disteln und Steine zu entfernen. Lass nicht zu, dass dein Herz überwuchert wird von Neid, Geiz und Missgunst.

Ich will dich zum Blühen bringen! Ich sehe schon, was in dir verborgen ist, was noch gar nicht an die Oberfläche gekommen ist. Du wirst noch staunen, was ich alles in dir und durch dich tun werde.

Lies die Zusprüche deines Vaters nach!
Zefania 3,17 / 1. Johannes 3,1 / Psalm 139 / Epheser 2,10 / 1. Korinther 15,28 / Lukas 1,33 / Johannes 4,23

Reflektiere

Gibt es Bereiche in deinem geistlichen Leben, wo Bequemlichkeit sich breitgemacht hat?

Gibt es Dinge in deinem Leben, von denen du spürst, dass der Heilige Geist dich herausfordert sie loszulassen, damit du weiter in die Tiefe wachsen kannst?

Welche Schätze hast du mit Gott schon entdeckt?

Werde praktisch

Wenn man einen Ackerboden bearbeitet, ist es wichtig, Steine zu entfernen, dass die später gepflanzten Samen gut wachsen können. Auch in unserem Herzen und in unserem Leben gibt es Steine, die uns daran hindern, in unserer Berufung und in unserer Liebe zu Jesus frei wachsen zu können.

Sammle einige Kieselsteine und überlege dir, welche Hindernisse du in dir identifizieren kannst.

Benenne sie und schreibe sie auf die Steine. Gehe mit dem Heiligen Geist ins Gebet und lege sie in einer symbolischen Handlung Jesus hin. Du kannst sie auch in einen See oder Fluss werfen.

Lass alles los, was dich daran hindert, mit Jesus in die Tiefe zu gehen und die Schätze zu bergen.

Vielleicht bist du auch herausgefordert dich konkret von Dingen oder bestimmten Situationen zu trennen. Schiebe es nicht auf die lange Bank! Wenn der Heilige Geist dich auf etwas aufmerksam gemacht hat, dann gehe dem ohne Wenn und Aber nach.

Sei treu im Kleinen

Sei treu im Kleinen

Wer in kleinen Dingen treu ist, wird auch in großen treu sein.

LUKAS 16,10

Gartenarbeit erfordert viel Geduld. Wenn der Boden bearbeitet, gut gedüngt und bereit ist, die Samen zu empfangen und sie in reichhaltigem Milieu wachsen zu lassen, sieht man lange Zeit – nichts. Die Samen sind in der Erde, in völliger Dunkelheit, und an der Erdoberfläche tut sich sehr wenig. Vielleicht spitzt ein zartes grünes Pflänzchen hervor, aber es braucht noch eine lange Zeit, bis diese Pflanze robust genug ist, um Früchte zu tragen. Unter der Erde bricht der Samen praktisch entzwei, es graben sich Wurzeln in die Tiefe und dann fängt die Pflanze zu wachsen an – allerdings auch erst im Verborgenen.

Wenn Gott in uns Samen pflanzen möchte, dann brauchen wir Geduld. Wir brauchen die Bereitschaft, den Schmerz über das Auseinanderbrechen auszuhalten. Wir brauchen die Bereitschaft, das Verborgene, das Dunkle, anzunehmen. Genau dort prüft Gott unsere Herzen, ob wir bereit sind die Früchte zu ernten, die er durch unser Leben hervorbringen will.

Gott trainiert uns in Zeiten der Einsamkeit, des Zerbruchs und der Hoffnungslosigkeit. Er möchte, dass wir lernen im Kleinen treu zu sein, damit er uns das Große anvertrauen kann. Ein Gartenbeet sieht im Herbst und im Winter traurig und verlassen aus. Aber der Gärtner hat eine Vision für den Frühling und den Sommer! Er sieht schon, wie sich das prächtige Grün und die leuchtenden Farben ausbreiten und in die Höhe schießen. Ergreifst du Gottes Vision für dein Leben, auch wenn alles brachzuliegen scheint?

In diesen Zeiten ist es wichtig, dass wir treu das tun, was uns vor die Füße fällt. Die kleinen, unscheinbaren Aufgaben, die keinen großen Unterschied zu machen scheinen. Anstatt sich beleidigt oder verletzt zurückzuziehen, können wir in andere investieren, für andere da sein. Wir können Gott loben mitten in der Wüste, mitten im Nichts. Wir können ihm unser Vertrauen aussprechen, auch wenn er weit weg scheint. Wir können diese kleinen Samen pflanzen und uns in Geduld üben. Der Prozess, der sich im Verborgenen abspielt, formt und festigt uns für die Berufung, die Gott über unserem Leben ausgesprochen hat. Er verschwendet keine Minute unseres Lebens. Jede noch so schmerzhafte Situation kann er verwenden, um Segen hervorzubringen.

Jesus sagt: „Ein Weizenkorn muss in die Erde ausgesät werden. Wenn es dort nicht stirbt, wird es allein bleiben – ein einzelnes Samenkorn. Sein Tod aber wird viele neue Samenkörner hervorbringen – eine reiche Ernte neuen Lebens" (Johannes 12,24). Das Geheimnis der Nachfolge ist, sich selbst zu verlieren und in Jesus wiederzufinden. Sich und die eigenen Ambitionen und Träume auf den Altar zu legen und sich ganz dem Willen Gottes unterzuordnen. Sich in die tiefe Dunkelheit pflanzen zu lassen und zu sterben – nur damit neues Leben und Fruchtbarkeit entsteht.

Mit so einem Lebensstil geht man gegen den Zeitgeist. In einer Welt, in der es nur darum geht, die eigenen Bedürfnisse zu stillen – auch auf Kosten anderer –, sucht der Herr nach hingegebenen Töchtern und Söhnen, die bereit sind ihn im Verborgenen zu lieben und ihm zu dienen. Menschen, die bereit sind auseinanderzubrechen, dass kraftvolles Wachstum hervorkommen kann.

Für dein Herz

Das Geheimnis der Nachfolge ist, sich selbst zu verlieren und in Jesus wiederzufinden.

Entspannungsübung

Starte mit der Atemübung.

Setze dich aufrecht hin und achte darauf, wie dein Atem fließt. Wenn du innerlich ruhig geworden bist, dann lege deine Hände geöffnet auf deine Beine oder neben deinen Körper – als Zeichen dafür, dass du loslässt und bereit bist zu empfangen.

Lege nun deine Hände auf deine Brust. Nimm wahr, wie sich dein Brustkorb mit jedem Atemzug hebt und senkt. Verweile hier und spüre, wie dein Atem langsam ruhiger und gleichmäßiger wird.

Sprich in Gedanken beim Einatmen:

Ich lasse los ...

Sprich in Gedanken beim Ausatmen:

... und empfange deinen Frieden.

Meditation

Mein geliebtes Kind!

Ja, du bist geliebt. Von ganzem Herzen liebe ich dich und sehne mich nach dir. Du bist mein Augapfel, mein Kind.

Wenn dein Herz schmerzt, leide ich mit dir. Deine Tränen sammle ich in einem Krug und zähle jede einzelne. Eines Tages werde ich deine Tränen für immer abwischen. Ich will dir Freudenöl anstelle von Trauerkleidern geben und Lobgesang anstelle eines betrübten Geistes. Du musst wissen: Ich bin nahe allen denen, die zerbrochenen Herzens sind. Auch wenn du mich nicht spürst – sei gewiss: Ich bin da!

Ziehe dich nicht von mir zurück, wenn dein Herz schmerzt. Wenn du verletzt wurdest, bin ich da, um deine Wunden zu verbinden. Ich will meinen heilenden Balsam über dir ausgießen, mein Öl soll dich bedecken. Ich will dir voll einschenken und dich vor deinen Feinden bewahren. Ich bin deine sichere Burg, dein fester Turm. Berge dich in mir.

Wenn ich dich in die Wüste rufe, dann nicht, um dich zu bestrafen, sondern freundlich zu dir zu reden. In den kargen Lebensphasen kann unsere Beziehung aufblühen wie niemals zuvor! Denn ich schaffe Ströme in der Wüste und ich lasse Wasser aus einem Felsen kommen. Ich gebe dir Manna vom Himmel und kann Raben und Engel senden, um dich zu versorgen. Nichts ist mir unmöglich.

Dein Weg geht durch das Tal des Todesschattens hindurch. Dieser Ort soll niemals dein Wohnort sein. Ich führe dich hindurch und mein Stecken und mein Stab werden dich trösten. Ich werde dir vorangehen und darauf achten, dass kein Pfeil des Bösen dich treffen wird. Ich bewahre und beschütze dich – vertraue mir!

Wenn ich dich pflanze wie einen Samen tief in die Dunkelheit, dann glaube mir, ich sehe dich schon, wie du aufwächst und reifst und blühst. Wie du reiche Frucht bringen wirst. Gib dich in diesen Prozess und halte dich an mir fest. Ich bin mit dir in der Dunkelheit. Ich stehe mit dir im glühenden Feuerofen. Ich führe dich in die Freiheit und befreie dich von aller Sklaverei. Du wirst frei und wunderbar strahlen, ein Zeugnis für meine Treue.

Erlaube mir, dich in dieser Zeit zu lieben. Halte Ausschau nach den großen und kleinen Liebesbeweisen, die ich in dein Leben streue. Kultiviere ein dankbares Herz. Schau auf mich. Ich bin bei dir alle Tage bis an der Welt Ende.

Lies die Zusprüche deines Vaters nach! Sacharja 2,12 / Psalm 56,9 / Offenbarung 21,4 / Jesaja 61,3 / Psalm 147,3 / Psalm 94,22 / Hosea 2,16 / Jesaja 41,18 / 2. Mose 17,1-7 / 1. Könige 17,4 / Epheser 6,16 / Hebräer 2,15 / Matthäus 28,20 / Psalm 34,18

Reflektiere

Gibt es einen Bereich in deinem Leben, wo Gott dich gerade einpflanzt? Wo spürst du Dunkelheit und Enge?

Kannst du eine Vision für diesen Bereich entwickeln? Frage dich, was Gott aus diesem scheinbar brachliegenden Land machen möchte. Was sieht er, wo du nur Leere siehst?

Fällt es dir schwer, Gott in dem Prozess des Wachsens und Reifens zu vertrauen? Formuliere ein Gebet, in dem du Gott neu dein Vertrauen aussprichst und dich ihm ganz auslieferst.

Das hat Gott zu mir gesprochen:

Werde praktisch

Besorge dir ein paar Samen und pflanze sie in einen kleinen Topf.

Stelle diesen Topf an einen Ort, an dem du dich öfter am Tag aufhältst.

Bete, dass Gott dich einpflanzen darf wie diese Samen und dass du bereit bist, diese Momente der Verborgenheit, der Enge und der Dunkelheit auszuhalten. Preise ihn über all dem, was er noch mit dir vorhat und was du noch gar nicht sehen oder erahnen kannst!

*Man säe nur,
man erntet
mit der Zeit.*

JOHANN WOLFGANG VON GOETHE

Pflege deine Talente

Pflege deine Talente

Wer das, was ihm anvertraut ist, gut verwendet, dem wird noch mehr gegeben, und er wird im Überfluss haben.

MATTHÄUS 25,29

Du bist gesegnet, dass du andere segnen kannst! Jeder hat etwas weiterzugeben. Vielleicht fühlst du dich oft nutzlos oder überflüssig. Oder übersehen und kleingehalten. Ich will dir heute sagen: In dir liegt ein wertvoller Schatz, den du mit anderen teilen kannst. Indem du teilst, wird Gottes Reich gebaut, und die Finsternis muss weichen! Das, was du in dir trägst, kann die Pforten der Hölle erschüttern.

Es gibt so etwas wie falsche Demut. Du bleibst im Hintergrund, hältst dich zurück, lässt andere Aufgaben übernehmen, obwohl du eigentlich genau weißt, dass du Hand anlegen solltest. Du denkst, du tust das, weil du andere höher erachtest als dich selbst und weil du als Nachfolger Jesu dich nicht so wichtig nehmen solltest.

Ja, es gibt Momente in unserem Leben, in denen wir uns zurückziehen und uns von Gott in die Wüste rufen lassen sollen. Aber ich glaube, dass wir Demut oft falsch verstehen und ungehorsam sind gegenüber Gottes Berufung in unserem Leben. Wir handeln nicht aus Demut, sondern vielmehr aus Angst und Minderwertigkeit. Das muss aufhören!

Deine Stimme wird gebraucht, dein Leben kann einen Unterschied machen. Welche Talente hat Gott dir anvertraut? Arbeitest du mit ihnen? Kultivierst du sie und multiplizierst du sie?

Du darfst dich ruhig ausprobieren. Man kann ein fahrendes Auto viel leichter lenken als ein stehendes. Fang einfach an, buche den Gesangsunterricht, male dieses Bild, trage dich als Leiterin für die Kleingruppe ein. Vielleicht kommst du dir am Anfang komisch und fehl am Platz vor. Du denkst, andere könnten das so viel besser als du. Fange klein an – der Herr sieht dein Herz und dein Bestreben, ihm zu dienen. Er wird dich führen und dich an den richtigen Platz stellen.

Sei mutig und habe keine Angst davor zu versagen. Türen werden zugehen, aber es werden sich auch Türen öffnen. Vielleicht wird sich dein ursprüngliches Vorhaben als nicht passend herausstellen – Gott wird alle deine Erfahrungen nutzen, um dich weiterzutrainieren und auszubilden.

Verlasse deine Komfortzone und sei bereit Dinge zu tun, die dir alles abverlangen. Wenn dir deine Träume keine Angst machen, dann sind sie nicht groß genug! Wage diesen Schritt, der dir auf dem Herzen brennt, und warte ab, wie Gott sich treu an deine Seite stellt. Mit Gott ist nichts unmöglich und wir brauchen diesen Lebensstil des Unmöglichen. Und auch Unmögliches fängt klein und unscheinbar an. Vielleicht in einer umgebauten Garage, einem Wohnzimmer oder deiner Küche. Vielleicht in der U-Bahn, in der Schulpause oder kurz vor dem Gottesdienst.

> ***Schwierigkeiten bringen Talente ans Licht, die bei günstigeren Bedingungen schlummern würden.***
>
> HORAZ

Öffne dein Herz für die wunderbaren Dinge, die Gott tun möchte, und tue das Deine dazu. Warte nicht ab, bis dir alles in den Schoß fällt (denn das wird es nicht). Warte nicht auf den perfekten Zeitpunkt (denn den gibt es nicht). Gehe einfach voran, voller Glauben, dass der Herr deine Schritte lenkt.

Für dein Herz

Wenn dir deine Träume keine Angst machen, dann sind sie nicht groß genug.

Entspannungsübung

Starte mit der Atemübung.

Setze dich aufrecht hin und achte darauf, wie dein Atem fließt. Wenn du innerlich ruhig geworden bist, dann lege deine Hände geöffnet auf deine Beine oder neben deinen Körper – als Zeichen dafür, dass du loslässt und bereit bist zu empfangen.

Lege nun deine Hände auf deine Brust. Nimm wahr, wie sich dein Brustkorb mit jedem Atemzug hebt und senkt. Verweile hier und spüre, wie dein Atem langsam ruhiger und gleichmäßiger wird.

Sprich in Gedanken beim Einatmen:

Heiliger Geist …

Sprich in Gedanken beim Ausatmen:

… du bist willkommen.

Meditation

Mein geliebtes Kind!

Wie sehr ich dich liebe und wie sehr ich mich freue, dass du mir begegnen möchtest. Ich bin für dich da und ich liebe dich so sehr. Ich habe dich ins Leben gerufen, du bist mein. Vor Anbeginn der Zeit habe ich dich schon im Sinn gehabt und gute Werke für dein Leben vorbereitet. Ich habe dich mit großer Sorgfalt im Leib deiner Mutter zusammengewoben und dich im Blick gehabt, als dich noch keiner je gesehen hat. Ich habe dich in meine Hand gezeichnet, ich bin dir näher, als du denkst.

Du darfst in meiner großen, unerschütterlichen Liebe ruhen. Du darfst mir all dein Vertrauen schenken, denn ich lasse dich niemals allein. Meine Verheißungen sind Ja und Amen und ich ändere mich nicht. Du brauchst niemals Sorge zu haben, dass ich meine Meinung über dich ändere. Ich bin kein Fähnchen im Wind, sondern meine Worte stehen fest in Ewigkeit. Ich bin derselbe gestern, heute und für immer.

Du kannst mir vertrauen, wenn ich sage: Nichts ist mit mir unmöglich! Du kannst mir vertrauen, wenn ich sage: Ich lasse dich niemals allein. Ich bin für dich und nicht gegen dich und deshalb kannst du voller Urvertrauen das Leben wagen. Du kannst Neues ausprobieren, weil ich dich halte. Lass dich von meinen Augen leiten, lass mich das Licht sein, das dir den Weg weist, und du wirst Dinge sehen und erleben, die du nicht einmal erträumen kannst. Sei mutig und gehe den unbeschrittenen Weg. Erfinde etwas Neues, kopiere nichts. Ich habe dich mit Talenten gesegnet, die einzigartig sind, und du kannst die Welt verändern.

Fange im Kleinen an. Habe keine Angst zu versagen. Ich helfe dir auf und helfe dir weiter. Bleibe nahe an meinem Herzen. Bitte mich um Weisheit, denn ich werde sie dir geben. Ich werde dich leiten und Türen öffnen und schließen. Gehe einfach los! Ich habe dir schon längst den Startschuss gegeben.

Habe keine Angst vor dem Ungewissen. Ich habe gute Gedanken über deinem Leben, Gedanken des Heils und nicht des Unheils. Ich will dir Zukunft und Hoffnung geben. Stelle dich als Kapitän an den Bug deines Lebensschiffes, spüre die Wellen und die Gischt, segle mit dem Wind meines Geistes. Spüre, wie lebendig du bist und wie viel Hoffnung und Zuversicht ich in dich hineinlege. Du wirst aufblühen, wenn du mir folgst. Du wirst aufleben, wenn du nach meinem Willen fragst.

Das Leben ist so viel mehr, als du denkst. Ich will es bis zum Überfließen füllen mit guten Dingen. Und die harten und kargen Wege werden unsere Beziehung reifen lassen und noch mehr Vertrauen in dir hervorbringen. Das Beste kommt noch, mein Kind. Bist du bereit?

Lies die Zusprüche deines Vaters nach!
Jesaja 43,1 / Epheser 1,4-5 / Epheser 2,10 / Jesaja 49,16 / 2. Korinther 1,20 / Jakobus 1,17 / 1. Petrus 1,23 / Hebräer 13,8 / Lukas 1,37 / Hebräer 13,5 / Römer 8,31 / Psalm 119,105 / Offenbarung 3,8 / Jeremia 29,11 / Psalm 104,28

Reflektiere

Kannst du *falsche Demut* in deinem Leben identifizieren? Wenn ja, tue Buße und mach dich bereit Gott zu dienen, wenn er ruft.

Was hält dich davon ab, Gott ins Ungewisse zu folgen?

Welche Talente hast du noch nicht in deinem Leben kultiviert und bisher beiseitegeschoben?

Das hat Gott zu mir gesprochen:

Werde praktisch

Wir sind uns selbst gegenüber oft betriebsblind. Bitte einen Freund oder eine Freundin, Seelsorgerin oder Coach, dir zu sagen, was sie in dir sehen und welche Stärken und Talente sie in dir wahrnehmen.

Schreibe auf, was deine Leidenschaften sind. Was bringt dich zum Lachen, was zum Weinen?

Achte im Alltag darauf, in welchen Situationen du dich besonders lebendig und in Verbindung zu Gott fühlst.

Gestalte ein *Dream Board*. Ähnlich wie das bekannte *Vision Board* kann dir ein *Dream Board* vor Augen malen, welche Träume Gott in dein Herz gelegt hat. Verwende eine Pinnwand, Postkarten, kleine Gegenstände, Briefe, Bibelverse ... und gestalte das Board.

Bringe den Segen nach Hause

Bringe den Segen nach Hause

Die Ernte ist groß, aber es sind nicht genügend Arbeiter da.

MATTHÄUS 9,37

Wenn wir treu unseren Herzensboden kultivieren und dem Herrn erlauben Samen tief in uns zu pflanzen, wenn wir darauf achten, dass Unkraut, Steine, Disteln und Dornen die zarte Saat nicht zerstören, dann wächst in uns und durch uns etwas Großes. Es ist ein Prozess, wir brauchen Geduld und Ausdauer – aber irgendwann dürfen wir ernten.

Ich glaube, dass viele nicht den Moment der Ernte erleben, weil sie vorher aufgegeben haben. Oder sie geben sich mit minderwertiger, unreifer Frucht zufrieden. Bei vielen ist der Same überhaupt nicht aufgegangen oder der Boden war so verseucht, dass überhaupt nichts gepflanzt werden konnte.

Nur wenige bleiben bis zur Ernte treu und das könnte ein Grund sein, warum Jesus dieses Problem anspricht: Es sind nicht genügend Arbeiter da, um die Ernte einzubringen.

Wusstest du, dass du im Reich Gottes auch die Frucht von anderen ernten kannst? Von Gläubigen, die vielleicht Hunderte von Jahren vor dir Samen ausgesät, gebetet und geglaubt haben? Erweckungen zum Beispiel sind die Frucht von Menschen, die uns vorausgegangen sind, die treu den Boden bearbeitet haben. Das, was Gott in dir und durch dich tun möchte, hat Ewigkeitswert und kann kommende Generationen massiv prägen und segnen.

Gott sieht immer das große Bild – wir sehen nur einen kleinen Ausschnitt. Gott lenkt und führt mit einer Ewigkeitsperspektive und wir sind oft viel zu sehr auf unser beschränktes Zeitsystem fokussiert.

Oft definieren wir Erfolg mit sichtbaren, messbaren Punkten und vergessen dabei, dass wir vor allem in der unsichtbaren Welt verankert sein sollten. Unsere Gebete mögen nicht sofort im Sichtbaren einschlagen wie eine Bombe, aber in der unsichtbaren Welt geschehen große Dinge, wenn wir beten!

Unser Weg zur Ernte hin ist ein Glaubensweg. Oft sehen wir keine Veränderungen oder haben das Gefühl, wir drehen uns im Kreis. Aber der Moment der Ernte kommt und dann müssen wir bereit sein! Auf der Erde gibt es Jahreszeiten und festgelegte Phasen, in denen gesät und geerntet wird. In unserem geistlichen Leben ist es nicht ganz so einfach – aber es folgt demselben Prinzip: Wo nichts ausgesät wird, kann auch nichts geerntet werden. Wo der Same nicht gehegt und gepflegt wird, kann auch nichts reifen. Wer keine Vision vom Feld hat, wer nicht weiß, was gepflanzt werden soll und welche Bedingungen die Pflanze braucht, wird als Landwirt versagen und enttäuscht aufgeben.

Wenn der Moment der Ernte gekommen ist, bist du bereit die Ernte nach Hause zu bringen? Bist du bereit den Segen in Empfang zu nehmen? Bist du dabei – oder bist du abgedriftet in Bitterkeit und Bequemlichkeit? Vergiss nicht, dass der Herr es auch möglich macht, die Ernte von anderen im Reich Gottes einzubringen – bist du am Start? Hast du die Hände frei, um einzuspringen und mitzuhelfen?

Jesus spricht in Matthäus 9 von der Ernte der Menschen. Er spricht von Menschen, die sich bekehren und ihm nachfolgen. Das sind Menschen, die abhängig sind, die einsam sind, die krank sind. Menschen, die ein falsches Bild von Gott, dem Vater, eingetrichtert bekommen haben. Menschen, die misstrauisch sind.

So vielseitig wie unsere Welt, so vielseitig ist die Ernte, von der Jesus spricht. Es braucht genau dich, um einen Teil der Ernte einzufahren. Dich und deine Lebenserfahrungen. Dich und deine persönliche Geschichte. Dich und deine Perspektive auf Jesus und die Welt. Dich, weil du einzigartig bist und einen ganz besonderen Teil beitragen kannst, wenn die Ernte reif ist. Es gibt Menschen da draußen, die besonders durch dich und dein Herz berührt werden können.

Es gibt aber auch eine Ernte, die der Herr für dich vorbereitet, wenn du ihm treu nachfolgst. Er liebt es, seine Kinder zu beschenken. Manchmal dürfen wir einen Segen ernten, der gereift ist in den vielen Momenten, in denen uns nichts als Tränen blieben. In den Momenten der Einsamkeit und der Hoffnungslosigkeit. Die mit Tränen säen, werden mit Freude ernten (Psalm 126,5).

Für dein Herz

Wo nichts ausgesät wird, kann auch nichts geerntet werden.

Entspannungsübung

Starte mit der Atemübung.

Setze dich aufrecht hin und achte darauf, wie dein Atem fließt. Wenn du innerlich ruhig geworden bist, dann lege deine Hände geöffnet auf deine Beine oder neben deinen Körper – als Zeichen dafür, dass du loslässt und bereit bist zu empfangen.

Lege nun deine Hände auf deine Brust. Nimm wahr, wie sich dein Brustkorb mit jedem Atemzug hebt und senkt. Verweile hier und spüre, wie dein Atem langsam ruhiger und gleichmäßiger wird.

Sprich in Gedanken beim Einatmen:

Ich bin hier …

Sprich in Gedanken beim Ausatmen:

… diese Zeit gehört dir.

Meditation

Mein geliebtes Kind!

Ich bin hier und mein Blick ruht auf dir. Ich sehe dich und freue mich an dir! In meiner Gegenwart kannst du pure Freude erfahren und ich schenke dir den Frieden, der allen Verstand übersteigt. Lass dich fallen in meiner Gegenwart. Ich halte dich fest. Bei mir bist du sicher. Lass alles los, was dich belastet und bedrückt. Mein Joch ist sanft und meine Bürde ist leicht. Ich will deinen Geist froh machen.

Gott ist allmächtig und voll Mitleid, doch wenn du Gerste anbaust, hoffe bei der Ernte nicht auf Weizen.

RUMI

Ich sehe deine Frage, ob das, was du für mich tust, genug ist oder einen Unterschied macht. Ich sehe das, was du im Verborgenen tust. Ich sehe dich, auch wenn du von anderen übersehen wirst, und ich wertschätze deine Treue im Kleinen.

Ich sehe, was deine Hände leisten. Ich sehe, wie du arbeitest und dich investierst. Ich nehme dich wahr und ich freue mich, wie du mir dienst.

Du arbeitest nicht für Menschen, sondern für mich. Und alles, was du tust, tust du nicht für Menschen, sondern für mich. Lebe mit dieser Einstellung tagaus und tagein. Selbst der kleinste Handgriff kann zur Anbetung werden, wenn du mich im Herzen trägst. Selbst der langweiligste Tag kann einen Unterschied machen, wenn du deinen Blick auf mich richtest.

Bete, ohne aufzuhören! Lass dich von meinem Geist darin leiten, wie und was du beten sollst. Lass dich führen und lass es einfach fließen. Bleib im ständigen Austausch mit mir und ich werde deine Augen für die unsichtbare Welt öffnen. Ich werde dich mit meinen Augen leiten und dir klarmachen, welche Wege du gehen sollst.

All dein Tun ist auch ein Investment in die große Ernte. Vieles wirst du erst in der Ewigkeit erkennen und verstehen – aber ich verschwende nichts. Sei aufmerksam für die Momente, in denen du Ernte einbringen kannst. Halte dein Herz weich vor mir und lass dich von meinem Geist leiten.

Und schätze den Prozess des Wachsens und Reifens nicht gering. Eine Ernte entsteht nicht über Nacht. Lass mich das Werden und Vollbringen schaffen. Du darfst in mir ruhen, ganz an mir hängen, wie eine Rebe am Weinstock.

Die größte Ernte fahren die ein, die das Geheimnis des Lebens mit mir erkannt haben: Deine Kraft reicht nicht aus, du brauchst mich. Ohne mich ist es nicht möglich, aber mit mir sind alle Dinge möglich. Hänge dich an mich und ziehe den Lebenssaft aus mir.

Erschrecke nicht, wenn ich dich beschneide. Ich beschneide nur die Äste, die bereits Frucht tragen. Und ich erziehe dich, weil ich dich liebe und weil ich möchte, dass du noch mehr Frucht trägst und eine noch größere Ernte hervorbringst.

Wachse und reife in der Sonne meiner Liebe. Nimm den Regen und den Sturm an, denn das brauchst du auch für dein Wachstum. Und vor allem: Bleibe nahe an mir.

Lies die Zusprüche deines Vaters nach!
Psalm 32,8 / Psalm 16,11 / Philipper 4,7 / Matthäus 11,30 / Psalm 94,19 / Kolosser 3,23 / 1. Thessalonicher 5,17 / Römer 8,14 / Markus 10,27 / Johannes 15

Reflektiere

Was verstehst du unter der großen Ernte, von der Jesus spricht, und der Ernte in Psalm 126?

Wo durftest du schon Ernte einbringen?

Welche Früchte lässt Gott in dir wachsen?

Das hat Gott zu mir gesprochen:

Werde praktisch

Ernte einzubringen ist anstrengende Arbeit. Denke daran, dass du immer wieder Zeit für dich einplanst und dir Gutes tust. Wie wäre es mit einem selbst gemachten Hand- und Fußpeeling?

DIY-IDEE

Hand- oder Fußpeeling

ZUTATEN

- 2-3 EL brauner Zucker
- 1-2 EL Öl (z. B. Oliven- oder Jojobaöl)
- 3-4 Tropfen ätherisches Lavendelöl

SO GEHT'S!

Vermische den Zucker mit den Ölen, bis eine homogene Masse entsteht.

Lege dir vor der Massage am besten ein Handtuch unter oder massiere direkt über dem Waschbecken oder der Badewanne.

Massiere die Zuckermasse in kreisenden Bewegungen in deine Haut ein und wasche sie anschließend mit warmem Wasser ab.

Wenn du statt braunem Zucker feinen weißen Zucker nimmst, kannst du damit auch dein Gesicht reinigen.

Öffne deine Hände

Öffne deine Hände

Erhebt eure Hände im Heiligtum und lobt den Herrn!

PSALM 134,2

✣ ✣ ✣

Lobpreis ist eine körperliche Haltung mit leeren Händen. Wir erheben unsere leeren Hände, legen unser Handy zur Seite, packen die Autoschlüssel weg und haben idealerweise auch keinen Kaffeebecher in der Hand. Wir öffnen unsere Hände und wir erheben sie. Bei diesem körperlichen Ausdruck von Anbetung sind unsere Hände das Symbol, dass wir bereit sind von Gottes Geist gefüllt zu werden.

Genauso ist das ein Bild für unsere geistliche Anbetungshaltung. Solange unsere Hände voll sind oder wir an etwas festhalten, fällt es uns eher schwer, einen Lebensstil der Anbetung zu pflegen. Es geht hier ja nicht um ein paar Lieder, sondern um das tägliche Hinwenden zu Jesus. Das Aufgeben eigener Vorstellungen, einen Lebensstil der Hingabe zu pflegen. Das ist Anbetung und dazu brauchen wir offene, leere Hände.

Wir brauchen auch leere Hände, um die Hand von Jesus zu nehmen. Ich kann mich gut daran erinnern, als meine Kinder noch klein waren und immer irgendein Spielzeug dabei sein musste oder ein Keks geknabbert wurde – da konnte ich die kleinen Hände nicht so gut in meine große nehmen, wenn wir zum Beispiel eine Straße überquert haben. Oft habe ich sie dann einfach schnell getragen. Die Aufmerksamkeit meiner Kinder war auf diese Sache gelenkt, die sie in den Händen hielten. Wie habe ich es immer genossen (und genieße es auch heute noch!), wenn die Hände meiner Kinder leer sind und sie meine Hand nehmen. Welch kostbare Momente!

Wie oft kann ich die Hand von Jesus nicht nehmen, weil meine Hände zu beschäftigt sind, zu voll mit Aufgaben, zu beladen mit Besitz.

Gott möchte uns beibringen mit leeren Händen vor ihn zu kommen, weil das zum einen unsere Aufmerksamkeit und geistliche

Wahrnehmung schärft, und zum anderen hilft es uns, in die Anbetung hineinzukommen – keine Schätze auf der Erde zu sammeln, sondern Schätze im Himmel.

Gerade wir Christen im Westen sind es gewohnt, unsere Hände voll zu haben. Wir sind verwöhnt von Wohlstand und sind keiner Verfolgung ausgesetzt, bei der wir um unser Leben fürchten müssen. Wir jammern auf sehr hohem Niveau, vor allem wenn wir an Christen in Nordkorea oder China denken. Ich glaube, dass Gott uns aus diesem Wohlfühlchristentum herausführen möchte und unseren Fokus auf ihn schärfen möchte.

Dazu fordert er uns heraus bestimmte Dinge loszulassen oder zumindest auf den Prüfstand zu stellen. Sind wir wirklich kompromisslos in der Nachfolge? Wie leicht machen wir *Deals* mit der Welt? Wie schnell sind wir dabei, Gottes Wort dem Zeitgeist unterzuordnen?

Unsere Hände sind nicht nur voll mit Wohlstand, sondern auch mit vielen To-dos. Wir denken, dass wir nur mit vollen Händen einen Unterschied machen! Viel beschäftigt zu sein, setzen wir gleich mit Effektivität und Impact! Dabei kann Gott besonders die Menschen gut gebrauchen, die leer und oft auch zerbrochen zu ihm kommen und um ihre Leere wissen.

Erhebt eure Hände im Heiligtum und lobt den Herrn! Das bedeutet nicht, dass wir ein Leben voller Mangel leben müssen. Im Gegenteil: Wenn wir uns vor Jesus leeren, dann kann er uns mit allen himmlischen Segnungen füllen. Unser Becher fließt über! Die Quelle in uns bricht auf und lebendiges Wasser fließt von uns in die Welt hinein.

Es ist ein einfacher Tausch: meine Ambitionen für seinen Willen. Meine Reputation für seine Herrlichkeit. Mein Besitz für sein Reich. *Nichts hab ich zu bringen, alles, Herr, bist du*. So geht der Text in einem alten Kirchenlied.

Wir müssen zurückkehren zu dieser Demut. Zu dieser Bankrotterklärung. Und wir müssen uns füllen lassen mit himmlischen Plänen und Träumen. Wir werden überfließen.

Für dein Herz

Erhebt eure Hände im Heiligtum und lobt den Herrn!

Entspannungsübung

Starte mit der Atemübung.

Setze dich aufrecht hin und achte darauf, wie dein Atem fließt. Wenn du innerlich ruhig geworden bist, dann lege deine Hände geöffnet auf deine Beine oder neben deinen Körper – als Zeichen dafür, dass du loslässt und bereit bist zu empfangen.

Lege nun deine Hände auf deine Brust. Nimm wahr, wie sich dein Brustkorb mit jedem Atemzug hebt und senkt. Verweile hier und spüre, wie dein Atem langsam ruhiger und gleichmäßiger wird.

Sprich in Gedanken beim Einatmen:

Ich bete dich an …

Sprich in Gedanken beim Ausatmen:

… alle Tage meines Lebens.

Meditation

Mein geliebtes Kind!

Ich bin hier. Meine Gegenwart umgibt dich. Ich bin in dir und in mir lebst du und handelst du und bist du. Jede Zelle deines Körpers, jede Faser deiner Seele pulsiert meine Gegenwart. Ohne mich kannst du nichts tun.

> ***Sei nicht der Erste, Neues zu erfassen, der Letzte nicht, das Alte gehen zu lassen.***
>
> ALEXANDER POPE

Ich hauche dir meinen Atem ein und ich habe alle deine Tage aufgezeichnet. Du kannst nicht einen Tag zu deiner Lebensspanne hinzufügen. Ich kleide dich und versorge dich. Ja, das ist mein Name! Jehova Jireh. Versorger. Das ist meine Identität. Ich versorge dich mit allem, was du brauchst.

Oft kannst du meine Versorgung nicht empfangen, weil du deine Hände mit irdischen Dingen füllst. Deine Hände kleben oft an eigenen Ambitionen. Deine Hände sind manchmal angekettet an andere Hände, die dich von mir wegziehen wollen. Ich brauche deine Hände leer und offen und verletzlich. Reinige deine Hände! Lass los, was dich von Anbetung abhält. Schmeiße weg, was deine Hände beschmutzt. Hebe heilige Hände auf zu mir!

Öffne deine Hände. Öffne sie jetzt. Drehe deine Handflächen nach oben. Mach dich ganz weich vor mir. Ich will deine Hände mit guten Dingen füllen. Dinge, die dein Leben bereichern und die deine Berufung verfeinern und verstärken. Manchmal lasse ich zu, dass deine Hände leer bleiben. Halte diese Wüstenzeit aus, bleib in dieser Anbetungshaltung. Ich stärke deine Hände, damit sie viel halten können! Ich trainiere deine Haltung, empfangen zu können.

In der Welt lernst du, dass alles schnell gehen muss und dass deine Bedürfnisse sofort gestillt werden müssen. Die Welt lehrt dich, dass deine Hände niemals leer sein dürfen. Immer musst du etwas vorzeigen können.

Bei mir ist das anders. Bei mir sind leere Hände ein Zeichen von Hingabe und Opferbereitschaft. Wenn du deine Hände vor mir leerst, dann zeigst du mir, dass du mir vertraust und dich von mir versorgen lässt.

Wenn du deine leeren Hände in Anbetung zu mir erhebst, dann lädst du mich ein, dir zu begegnen mit himmlischer Fülle, die die Welt nicht kennt und nicht versteht. Leere Hände sind ein Symbol für Hingabe und Anbetung. Du findest deine Identität nicht in dem, was du tust, sondern allein in dem, wer du bist in mir. Du musst mir nichts vorweisen oder mich beeindrucken. Deine leeren Hände sind alles, was ich brauche.

Lies die Zusprüche deines Vaters nach!
Apostelgeschichte 17,28 / Psalm 139,16 / Matthäus 6,27 / 1. Mose 22,14 / Matthäus 6,25 / 1. Timotheus 2,8

Reflektiere

Halten deine Hände an etwas fest, das du loslassen solltest?

Wie fühlt es sich für dich an, *leere Hände* zu haben?

Mit was möchte Gott deine Hände füllen?

Das hat Gott zu mir gesprochen:

Werde praktisch

Lies noch einmal den Input von Tag 2. Das kann dir helfen, noch tiefer ins Thema einzusteigen.

Falls du die Handcreme noch nicht gemischt hast, dann ist jetzt ein guter Zeitpunkt.

Lenke deinen Fokus auf deine Hände und mache sie ganz bewusst leer vor Gott. Indem du sie mit der Creme massierst, machst du sie weich und geschmeidig. Das ist ein gutes Bild dafür, wie unsere geistlichen Hände vor Gott sein sollen – weich und geschmeidig, leer und bereit zu empfangen.

Liebe dich selbst

Liebe dich selbst

Das zweite ist ebenso wichtig: Liebe deinen Nächsten wie dich selbst.

MARKUS 12,31

Wie oft satteln wir das Pferd von hinten auf und wundern uns dann, wenn wir gehörig getreten werden. Wir haben kein Problem damit, andere zu lieben, zumindest denken wir das. Schließlich ist das die Essenz vom Christsein – wir sollen andere segnen, Licht in der Dunkelheit sein, die Hände und Füße von Jesus verkörpern. Doch irgendwann brennen wir aus, irgendwann fühlen wir uns leer. Irgendwann fühlt es sich nicht mehr richtig an, für andere da zu sein. Oder wir machen alles nur noch mechanisch, halten uns nur noch an vorgegebene Raster, die wir auswendig gelernt haben. Unsere Liebe kommt nicht mehr von Herzen, sondern ist einfach nur noch eine perfekt einstudierte Show, für die wir Applaus erhalten.

Selbstliebe ist in der christlichen Szene oft ein verpöntes Wort, fordert Jesus doch dazu auf, uns selbst zu verleugnen (Matthäus 16,24). Was das für uns bedeutet: sich selbst klein machen, die eigenen Bedürfnisse nicht wichtig nehmen, von sich selbst und den eigenen Problemen ablenken, indem man Gutes tut. Für sich selbst sorgen? Für sich selbst da sein? Das klingt ja schon esoterisch, abgehoben, selbstverliebt.

Jesus stellt aber diesen Gedanken in den Raum: Wenn wir uns selbst nicht lieben, dann können wir andere auch nicht lieben. Wenn wir nicht bei uns selbst ankommen und uns annehmen lernen und uns um unsere dunklen, verletzten Seiten kümmern – wie können wir jemals für andere ein sicherer, fester Hafen werden? Wenn wir uns ständig innerlich ablehnen, Bedürfnisse nicht ernst nehmen und keine Zeit für unser Herz und unsere Seele einplanen, dann befinden wir uns in einer Abwärtsspirale. Am Ende stehen oft Burn-out, Depression, Bitterkeit, Frustration und Enttäuschung.

Sich selber lieben bedeutet nicht, dass wir uns selbstverliebt nur um uns selbst drehen. Nein, es bedeutet vielmehr, in der Liebe Gottes zu baden, die Liebe Gottes zu genießen, sie anzunehmen, die Wahrheit zu feiern, dass wir *je und je geliebt sind* (Jeremia 31,3).

Darin entspringt die christliche Selbstliebe, Selbstannahme. Ein gesundes Verhältnis zur gottgeschenkten Identität, Geschlecht, Persönlichkeit, Aussehen. Ein dankbares Feiern der eigenen Existenz, weil Gott wollte, dass ich lebe! Ein staunendes Empfangen von Lebenssinn und Berufung. Und natürlich auch ein verantwortungsvoller Umgang mit sich selbst. Nur wer mit sich selbst in Frieden lebt, kann ein Friedensstifter sein. Alles andere ist Symptombehandlung und oberflächliches Restaurieren. Als würde man eine schön angemalte Pappkulisse vor eine hässliche Mauer stellen – der erste Regen wird diese Farce entlarven.

Wer sich selbst verleugnet, kann anderen kein zuverlässiger Partner sein.

RICHARD VON WEIZSÄCKER[5]

Unsere Welt braucht Christen, die die große allumfassende, kompromisslose Liebe von Jesus begreifen und danach leben. Eine Liebe, die Grenzen aufzeigt und nicht grenzenlose Toleranz. Eine Liebe, die Sünde anspricht, aber eine Atmosphäre schafft, sodass der Sünder sich nicht beschämt fühlt. Eine Liebe, die Spannung und anderes Denken aushält. Eine Liebe, die am Kreuz ihre schönste Form gefunden hat.

Du darfst diese Liebe empfangen und in ihr dich selbst lieben lernen.

Für dein Herz

Nur wer mit sich selbst in Frieden lebt, kann ein Friedensstifter sein.

Entspannungsübung

Starte mit der Atemübung.

Setze dich aufrecht hin und achte darauf, wie dein Atem fließt. Wenn du innerlich ruhig geworden bist, dann lege deine Hände geöffnet auf deine Beine oder neben deinen Körper – als Zeichen dafür, dass du loslässt und bereit bist zu empfangen.

Lege nun deine Hände auf deine Brust. Nimm wahr, wie sich dein Brustkorb mit jedem Atemzug hebt und senkt. Verweile hier und spüre, wie dein Atem langsam ruhiger und gleichmäßiger wird.

Sprich in Gedanken beim Einatmen:

Ich bin dein ...

Sprich in Gedanken beim Ausatmen:

... und du bist mein.

Meditation

Mein geliebtes Kind. Mein Herz ist so voller Liebe zu dir. Ich kann sie nicht zurückhalten. Sie schwappt über, sie fließt über, sie bricht heraus aus meinem Sein. Meine Liebe ist ein mächtiger Strom, nichts kann sie zurückhalten oder auslöschen. Ich liebe dich mit einer beständigen, starken Liebe. Ich habe dich schon geliebt, als du noch voller Sünde warst.

Du kannst nichts tun, dass ich dich mehr liebe. Du kannst nichts tun, dass ich dich weniger liebe. Du bist mein Augapfel, mein geliebtes Kind, meine Schöpfung, meine Tochter, mein Sohn. Für dich habe ich meinen Sohn hingegeben, damit du nach Hause kommen kannst.

Der Vorhang ist zerrissen und der Weg ist frei! Die Liebe kann frei fließen – nichts hält sie auf. Begeistert freue ich mich an dir! Vor Liebe bin ich sprachlos ergriffen und jauchze doch mit lauten Jubelrufen über dich. Kannst du dir vorstellen, wie sehr ich dich liebe?

Ich liebe dich wie eine gute Mutter. Ich liebe dich wie ein guter Vater. Ich sorge für dich, wie liebende Eltern es tun würden. Und noch viel mehr. Bei mir bist du sicher und geborgen. Ich halte dich, auch wenn andere dich fallen lassen. Ich sorge für dich, auch wenn andere nicht für dich sorgen. Ich beschütze dich, auch wenn andere dich nicht beachten.

Meine Liebe ist stark und sie vertreibt alle Furcht. Du bist teuer in meinen Augen und nichts und niemand kann dich trennen von meiner Liebe. Ja, ich *bin* die Liebe in Person, in mir hat Liebe ihren Anfang.

Meine Liebe ist ausgegossen in dein Herz durch meinen Heiligen Geist und meine Liebe deckt all deinen Mangel zu.

Empfange heute ganz neu meine Liebe. Lass dich von mir lieben.

Lies die Zusprüche deines Vaters nach!
Römer 5,8 / Johannes 3,16 / Matthäus 27,51 / Jesaja 66,13 / Jakobus 1,17 / 1. Johannes 4,18 / Jesaja 43,4 / Römer 5,5 / 1. Johannes 4,8

Reflektiere

In welchen Bereichen fällt es dir leicht, Gottes Liebe anzunehmen, und wo fällt es dir schwer?

Wie kannst du dir selbst gegenüber Liebe ausdrücken?

Wie würde es dein Umfeld beeinflussen, wenn du liebevoller mit dir umgehen würdest?

Das hat Gott zu mir gesprochen:

Werde praktisch

Lerne dich selbst zu lieben mit der Liebe, die Jesus dir entgegenbringt. Drücke diese Liebe ganz praktisch aus, indem du deinem Körper Aufmerksamkeit schenkst. Jeden Tag tragen dich deine Füße und Beine viele Schritte, deine Arme tragen und heben, deine Hände lenken Autos und Fahrräder und Kinderwagen. Sage jedem Körperteil bewusst Danke für die treue Arbeit und preise Gott, dass er dich mit einem funktionierenden Körper ausgestattet hat.

Du kannst eine wohlduftende Body-Butter herstellen und dich ohne Hast von Kopf bis Fuß eincremen. Gehe dabei auf jedes Körperteil ein und bedanke dich bei Gott dafür. Wertschätze, was dieser Teil deines Körpers jeden Tag leistet. Das kann zu einem schönen Ritual werden inmitten deines Alltags.

DIY-IDEE

Body-Butter

ZUTATEN

1 Tasse Kokosnussöl
1 Tasse Shea-Butter
2 TL Zimt
2 TL Vanilleextrakt

SO GEHT'S!

Schmelze das Kokosnussöl und die Shea-Butter unter ständigem Rühren bei mittlerer Hitze in einem Topf.

Sobald alles geschmolzen ist, lässt du die Masse etwas abkühlen.

Stelle den Topf für ungefähr 20 Minuten in den Kühlschrank, bis die Masse nicht mehr durchsichtig ist.

Mixe die abgekühlte Masse in einem Küchenmixer, bis sie leicht und fluffig ist und sich das Volumen ungefähr verdreifacht hat – ungefähr 3 Minuten.

Gib den Zimt und das Vanilleextrakt dazu.

Alternativ kannst du hier auch ätherische Öle zum Einsatz bringen (z. B. 4 Tropfen Lavendel, Grapefruit oder Weihrauch).

Stelle den Mixer für weitere 2 Minuten an und bewahre die Body-Butter anschließend in einem verschließbaren Gefäß auf (z. B. in einem alten Marmeladenglas).[2]

Liebe andere

Liebe andere

Ich gebiete euch, einander genauso zu lieben, wie ich euch liebe. Die größte Liebe beweist der, der sein Leben für die Freunde hingibt.

JOHANNES 15,12-13

Die Liebe, von der Gott in seinem Wort spricht, ist eine ganz andere Liebe wie die, die wir aus der Welt kennen. Es ist eine allumfassende, opfernde Liebe. Eine Liebe, die den Fokus nicht auf sich selbst richtet, sondern auf andere. Eine Liebe, die Not erkennt und himmlische Lösungen für Probleme sucht. Eine Liebe, die gleichzeitig Wahrheit ist und Wunden offenlegt. Eine Liebe, die keine Angst hat vor Ablehnung. Eine Liebe, die bereit ist zu lieben, auch wenn sie nicht zurückgeliebt wird.

Andere zu lieben im Königreich Gottes geht viel tiefer als die Nächstenliebe, die uns vielleicht im Kindergottesdienst beigebracht wurde und die auch ein Mensch, der nicht mit Jesus lebt, als Wert hochhält. Nett zu anderen und ein guter Mensch sein.

Doch die Nächstenliebe, die Jesus vorgelebt hat, ist radikal anders. Jesus sagt, dass der größte Liebesbeweis der ist, wenn wir bereit sind unser Leben für jemand anderen hinzugeben. Wir wissen, dass das ein Ausblick auf die Kreuzigung von Jesus ist. Jesus hat sein Leben für dich und mich aufgegeben, losgelassen – aus Liebe. Er hat schlimmste Schmerzen ertragen und unvorstellbare Einsamkeit – aus Liebe.

Die Art und Weise, wie wir andere lieben dürfen und sollen, orientiert sich an Jesu Hingabe zu uns. Das ist aus menschlicher Kraft nicht zu schaffen – deswegen müssen wir uns zuerst von ihm lieben lassen und diese Liebe dann nach außen fließen lassen.

Liebe in Gottes Königreich hat keine Angst vor Wahrheit. Die Welt denkt, dass Liebe wie ein Blankoscheck ist, der jede Sünde erlaubt. Die Wurzel für dieses falsche Denken liegt in der Definition von Liebe. Wir glauben oft, dass Liebe alle unsere Bedürfnisse stillen und uns ein *gutes Gefühl* geben muss. Doch Gottes Liebe entlarvt auch unsere dunklen Seiten, deckt Wunden auf, spricht Sünde an. Als Gottes Botschafter in dieser Welt sind wir dazu berufen, Sünde beim Namen zu nennen und Wahrheit in Verwirrung zu sprechen. Auch das ist eine Form von Nächstenliebe.

Doch auch hier gilt: Wenn wir nicht selbst in der Liebe Gottes ruhen, dann sind unsere Worte nichts anderes als Peitschenschläge auf bereits geschundenen Herzen. Sünder wurden von Jesus regelrecht angezogen, obwohl er sie klar mit ihrer Sünde konfrontierte und sie zur Umkehr aufrief. Die Liebe, die er ausstrahlte, lud die Ausgestoßenen ein, sich bei ihm zu Hause zu fühlen und von ihren falschen Wegen abzulassen. Wir Christen müssen viel mehr in unserer Identität als geliebte Kinder Gottes ruhen, wenn wir andere nach Hause in sein Reich rufen möchten.

Ein anderer Aspekt von Nächstenliebe ist Ehre. Wertschätzung. Es fällt uns oft nicht leicht, andere Menschen zu ehren, besonders auch, wenn wir von ihnen verletzt wurden oder sie unsere Erwartungen nicht erfüllt haben. Wir sind sehr schnell dabei, über andere zu lästern, uns über andere zu erheben, uns vorschnell Meinungen zu bilden.

Es entstehen Lager zwischen Denominationen, nur weil wir das Gegenüber nicht verstehen. Liebe nach den Maßstäben Gottes ehrt, auch wenn es wehtut. Nächstenliebe im biblischen Sinne liebt, auch wenn es – menschlich gesehen – keinen Grund gibt. Diese Art von Liebe befähigt uns dann für unsere Feinde zu beten. Dazu fordert uns Jesus auf. Es geht nicht darum, was für mich dabei herauskommt, es ist vielmehr eine Grundeinstellung, ein Lebensfundament. Wir können gar nicht anders, als zu lieben! Wir leben so sehr verankert in Gottes Liebe zu uns, dass seine Liebe aus uns herausquillt.

Deswegen ist es wichtig, dass wir uns zuerst lieben lassen und lernen uns in der Identität, die Gott uns geschenkt hat, anzunehmen. Wenn dir das schwerfällt, dann komme immer wieder zu der Andacht *Liebe dich selbst* zurück. Lass dich von Gott lieben und dann lass die Liebe ganz einfach zu anderen hinfließen. Ohne Krampf, ohne dass du dich verstellen oder anstrengen musst. Lass die Liebe einfach fließen.

Für dein Herz

Wir Christen müssen viel mehr in unserer Identität als geliebte Kinder Gottes ruhen, wenn wir andere nach Hause in sein Reich rufen möchten.

Entspannungsübung

Starte mit der Atemübung.

Setze dich aufrecht hin und achte darauf, wie dein Atem fließt. Wenn du innerlich ruhig geworden bist, dann leg deine Hände geöffnet auf deine Beine oder neben deinen Körper – als Zeichen dafür, dass du loslässt und bereit bist zu empfangen.

Lege nun deine Hände auf deine Brust. Nimm wahr, wie sich dein Brustkorb mit jedem Atemzug hebt und senkt. Verweile hier und spüre, wie dein Atem langsam ruhiger und gleichmäßiger wird.

Sprich in Gedanken beim Einatmen:

Ich bin hier …

Sprich in Gedanken beim Ausatmen:

… und empfange deine Liebe.

Meditation

Mein geliebtes Kind!

Willkommen im Land der Ruhe. Lass alles los, was dich belastet und beschwert – ich will dich erfrischen. Mein Joch ist sanft und meine Last ist leicht.

> ***Die einzigen wahrhaft Glücklichen unter uns werden die sein, die den Weg zum Dienst an andern gesucht und gefunden haben.***
>
> ALBERT SCHWEITZER

Ich will nicht, dass du gebeugt durch das Leben gehst. Ich will dich aufrichten und stärken! Mein Wille für dich ist Freude und Leben in Fülle. Empfange all die Segnungen des Himmels, die ich für dich bereithalte. Öffne dein Herz und deinen Mund – spüre, wie mein Geist dich ausfüllt und zur Ruhe bringt.

Mein Herz brennt für diese Welt. Mein Herz brennt für dich. Mein Herz brennt für alle, die mich noch nicht kennen. Ich habe die Welt so sehr, so innig geliebt, dass ich meinen einzigen Sohn gab, damit alle, die an ihn glauben, gerettet werden und nicht verloren gehen.

Mein Plan für deine Errettung ist von Liebe motiviert. Tiefer, hingebungsvoller, opferbereiter Liebe. Ich habe alles gegeben für dich! Ich habe alles für die Welt hingegeben. Meine Liebe ist stärker als der Tod, nichts kann sie auslöschen. Und nichts kann zwischen dir und meine Liebe kommen. Nichts kann dich aus meiner Hand reißen. Meine Liebe steht unerschütterlich zu dir! Du kannst nichts tun, dass ich dich mehr liebe, und du kannst nichts tun, dass ich dich weniger liebe. Ich liebe dich allumfassend und perfekt.

Bade in dieser Liebe. Genieße meine Liebe! Nimm sie an. Und lass sie fließen in dein Umfeld. Ich will dich bis zum Überlaufen mit meiner Liebe füllen – du musst dich nie anstrengen, um sie weiterzugeben. Sie fließt ganz natürlich aus dir heraus. Achte darauf, dass dein

Liebestank nicht leer wird, denn dann wird es anstrengend zu lieben. Komm immer wieder zu mir! Ich bin deine Quelle. Alle guten Dinge kommen direkt von mir. Ich bin dein Vater und ich liebe dich mit einer nie endenden Liebe.

Empfange sie heute und lass sie in dein Umfeld fließen.

Lies die Zusprüche deines Vaters nach!
Hebräer 4,9 / Matthäus 11,29-30 / Johannes 10,10 / Psalm 81,11 / Hohelied 8,6 / Römer 8,29 / Johannes 10,28 / Psalm 36,9

Reflektiere

In welchen Situationen fällt es dir schwer zu lieben?

Definiere Nächstenliebe anhand biblischer Prinzipien für dich.

Wie hast du Nächstenliebe schon erfahren?

Das hat Gott zu mir gesprochen:

Werde praktisch

Überlege dir, wen du in deinem Umfeld ganz praktisch mit Gottes Liebe in Kontakt bringen kannst. Hier sind ein paar Ideen:

Lege kleine Kärtchen mit Bibelversen in die Briefkästen deines Wohnhauses.

Frage Gott, wen du finanziell segnen kannst.

Bezahle einer Person im Supermarkt den Einkauf.

Umarme dein Kind bewusst und sprich Gottes Liebe über ihm aus.

Beschrifte Steine mit kurzen Botschaften und verteile sie in der Nähe von Gehwegen, in der U-Bahn, Straßenbahn …

Lächle andere Menschen an.

Halte im Alltag die Augen offen, wem du mit kleinen Gesten unter die Arme greifen kannst (einer Mama den Kinderwagen aus der Straßenbahn heben, einer älteren Person den Einkauf tragen …).

Vergebung

Vergebung

Seine Gnade ist so groß, dass er unsere Freiheit mit dem Blut seines Sohnes erkauft hat, sodass uns unsere Sünden vergeben sind. Er hat uns mit Gnade überhäuft und uns Weisheit und Erkenntnis gegeben.

EPHESER 1,7

✿ ✿ ✿

Vergebung ist ein großes Wort und hat so viele verschiedene Schichten. Uns ist vergeben worden und dadurch können wir vergeben.

Es birgt die Chance auf einen Neuanfang, aber auch auf einen Schlussstrich. Vergebung öffnet Türen für ungeahnte Möglichkeiten und schließt Türen, hinter denen sich Tod und Zerstörung verbergen. Vergebung ist ein Schlüssel für Freiheit, für ganzheitliche Heilung, für liebevolles und klares Miteinander, für Gemeinschaft mit dem Heiligen Geist.

Wenn wir die Vergebung für unsere Sünden nicht annehmen, dann ist unsere Seele nicht frei, und wir sind gebunden an die Ketten unserer gefallenen Menschlichkeit. Wir können nicht in die Freiheit hineinkommen, die Jesus für uns am Kreuz erkauft hat. Vergebung reißt den Vorhang im Allerheiligsten entzwei, öffnet die Tore für uns in den himmlischen Thronsaal und nennt uns Söhne und Töchter. Vergebung macht Unmögliches möglich!

Wenn wir uns dazu entschließen, nicht zu vergeben, ist die Frucht Bitterkeit, Kälte, Hartherzigkeit, Empathielosigkeit.

Ich habe einmal ein sehr bewegendes Zeugnis von einer Holocaustüberlebenden gehört. Sie und ihre Zwillingsschwester wurden in Auschwitz zu schrecklichen medizinischen Versuchen gezwungen; ihre Zwillingsschwester starb Jahre später an den Folgen. Diese gebrechliche kleine Frau sagte einen mächtigen Satz: „Ich habe erkannt, dass ich die Kraft habe zu vergeben."

Diese Kraft der Vergebung macht sie stärker als ihre Peiniger. Durch ihre Vergebung sagt sie Nein zu Bitterkeit und Hass und kann ihr Leben in einer ganz anderen Qualität leben. Sie ist nicht länger das Opfer, sondern gestaltet aktiv ihr Dasein und entscheidet sich bewusst für Freiheit.

Dir steht durch Jesus in vollem Umfang Vergebung zu. Das ist gewaltig! Vor Gott gibt es keine großen und kleinen Sünden. Jede einzelne Sünde trennt uns von ihm. Dieses unglaublich große Geschenk befähigt uns, anderen zu vergeben.

Stell dir ein leeres Glas vor, in das Wasser hineingegossen wird – das Wasser symbolisiert die Vergebung, die du als Kind Gottes vom himmlischen Vater erbitten kannst und in vollem Umfang erhältst. Auch wenn das Glas schon voll ist, wird weiter eingegossen. Das Wasser läuft schließlich über den Rand, über den Tisch und tropft auf den Boden. Aber es wird immer weitergegossen.

So ist das mit der Vergebung, die wir von Gott empfangen. Wir stehen absolut gerecht gesprochen vor ihm. Diese Gnade füllt uns völlig aus und fließt schließlich zu anderen hin. Wir können gar nicht anders, als das, was wir von Gott empfangen, an andere weiterzugeben.

Vergebung ist nicht etwas, bei dem du dich krampfhaft abmühen musst. Vergebung fließt aus deinem Herzen wie ein mächtiger Strom – denn genauso kommt Vergebung bei dir an!

Für dein Herz

Vergebung ist der Schlüssel für deine Freiheit.

Entspannungsübung

Starte mit der Atemübung.

Setze dich aufrecht hin und achte darauf, wie dein Atem fließt. Wenn du innerlich ruhig geworden bist, dann lege deine Hände geöffnet auf deine Beine oder neben deinen Körper – als Zeichen dafür, dass du loslässt und bereit bist zu empfangen.

Lege nun deine Hände auf deine Brust. Nimm wahr, wie sich dein Brustkorb mit jedem Atemzug hebt und senkt. Verweile hier und spüre, wie dein Atem langsam ruhiger und gleichmäßiger wird.

Sprich in Gedanken beim Einatmen:

Ich empfange Vergebung …

Sprich in Gedanken beim Ausatmen:

… und gebe sie weiter.

Meditation

Mein geliebtes Kind,

ich heiße dich herzlich willkommen an dem Ort der Ruhe und des Friedens. Der Himmel ist durchflutet mit Freude und Freiheit und du darfst von dieser herrlichen Atmosphäre schmecken! Ich bin durch und durch gut und habe gute Gedanken über dich. Habe keine Angst, lass alles los, was dich belastet, und komme in diesem Moment an.

Als mein Sohn am Kreuz starb und ausrief: „Es ist vollbracht", riss im Tempel der dicke Vorhang entzwei, der das Allerheiligste abtrennte. Das Allerheiligste war der Ort, an dem meine Gegenwart präsent war. Weil ich heilig bin, konnte niemand einfach in das Allerheiligste hineinkommen – er wäre sofort tot umgefallen. Ein auserwählter Priester durfte einmal im Jahr in das Allerheiligste treten.

Ich habe durch meinen Sohn einen Weg eröffnet in das Allerheiligste. Denn meine Sehnsucht gilt dir! Ich will Gemeinschaft mit dir haben! Ich will, dass meine Heiligkeit und Herrlichkeit zu dir hinfließen. Durch Jesus und sein vergossenes Blut ist der Weg frei! Vergebung ist der Schlüssel in deine Freiheit – auch Freiheit von Verletzungen.

Wenn du anderen vergibst, bedeutet das nicht, dass deine Verletzungen nichts wert sind oder dass die Taten des anderen nicht schlimm waren. Vergebung setzt dich frei von diesen Verletzungen. Trage deinen Schmerz nicht mit dir herum, lass ihn los. Weine, wenn dir danach ist. Bring deine Verletzungen zu mir und vergib denen, die dir unrecht getan haben. Werde frei von der Last, die andere dir aufgebürdet haben. Vertraue mir, dass ich Recht und Gerechtigkeit sprechen werde!

Erlaube mir dein Herz zu heilen. Öffne deine verkrampften Hände und gib mir das, woran du dich so festhältst. Lass los und lass den Heiligen Geist an deine wunden Punkte. Ich will heilenden Balsam ausgießen über deinem Leben!

Vergebung ist der Schlüssel für mehr Freiheit, mehr geistliche Autorität, mehr Sensibilität mir gegenüber. Ich liebe dich und habe nur Gutes für dich im Sinn. Vergebung ist eines der größten Geschenke, das ich dir mache! Empfange Vergebung für dich und für andere. Lass Vergebung fließen – genau wie meine Liebe. Ich schenke sie dir, damit du sie weiterschenken kannst.

Lies die Zusprüche deines Vaters nach!
Jeremia 29,11 / Hebräer 10,19

Reflektiere

Überlege, ob es Menschen in deinem Leben gibt, denen du noch vergeben musst. Das können auch Menschen sein, denen du nie persönlich begegnet bist und die dich aber trotzdem verletzt haben, zum Beispiel eine berühmte Person, ein Pastor, Politiker ... Sprich Vergebung aus.

Nimmst du Gottes Vergebung für deine Schuld an? Verbringe Zeit mit dem Heiligen Geist und erlaube ihm dir Sünde aufzuzeigen.

Gibt es Verletzungen in deinem Leben, die noch nicht bereinigt sind und bei denen es dir schwerfällt loszulassen? Wenn ja, dann gehe dem nach und suche dir Menschen, die dir helfen das zu bearbeiten und heil zu werden.

Das hat Gott zu mir gesprochen:

Werde praktisch

Vergebung ist ein Prozess und wir müssen unser Herz immer wieder daran erinnern, dass wir in unserem Kopf bereits vergeben haben. Es dauert einfach, bis Vergebung ins Herz rutscht. Du kannst diesen Prozess unterstützen, indem du dir kreative Wege suchst, der Vergebung Ausdruck zu verleihen.

> **Vergib uns unsere Schuld, wie auch wir denen vergeben haben, die an uns schuldig geworden sind.**
>
> DAS VATERUNSER

Schreibe einen Brief an die Person, die dich verletzt hat, und verbrenne ihn danach.

Schreibe deine Verletzungen auf Steine und wirf sie in einen Fluss oder See.

Male ein abstraktes Bild, das deinen Gefühlen Ausdruck verleiht.

Lass Musik laufen und versuche durch körperliche Bewegungen deinen Gefühlen Raum zu geben.

Das Geschenk der Vergebung ist einfach zu empfangen. Der Prozess der Vergebung ist vielschichtig und komplex. Gott geht mit dir diesen Weg und ist geduldig. Sei auch du mit dir selbst geduldig und gnädig.

✿ ✿ ✿

Geh mutig voran

Geh mutig voran

Seht hin; ich mache etwas Neues; schon keimt es auf. Seht ihr es nicht? Ich bahne einen Weg durch die Wüste und lasse Flüsse in der Einöde entstehen.

JESAJA 43,19

✣ ✣ ✣

Mit Gott geht es immer voran. Wir gehen mit ihm von „Herrlichkeit zu Herrlichkeit" (2. Korinther 3,18). Wenn wir uns seinem Willen nicht beugen, dann drehen wir uns im Kreis – wie die Israeliten in der Wüste, die immer um den gleichen Berg wanderten. Manchmal fühlt sich unser Weg mit Gott wie Stillstand an. Wir fühlen uns wie auf einem Abstellgleis. Andere ziehen an uns mit großer Geschwindigkeit vorbei und wir fragen uns, ob wir Gott vielleicht missverstanden haben. Aber egal mit welcher Geschwindigkeit du dich bewegst – mit Gott geht es immer voran.

Doch manchmal stehen wir uns selbst im Wege. Manchmal verlieren wir uns in unserem Schmerz und unseren Enttäuschungen. Manchmal denken wir, wir wüssten es besser, und gehen dann große Umwege oder sogar Schritte zurück. Ich will dich heute daran erinnern, dass du deinen Blick nach vorne richtest und nicht über die Schulter nach hinten blickst.

Lass das Alte los und empfange das Neue. Lass alten Schmerz, alte Enttäuschungen los. Lege all den Ballast vor den Füßen Jesu ab. Deine Schultern sind nicht dafür gemacht, dass du Altlasten trägst. Du darfst die Verletzungen der Vergangenheit an Jesus abgeben und er trägt sie für dich. Das bedeutet nicht, dass du sie ignorierst oder so tust, als wäre nie etwas geschehen. Aber indem du Jesus einlädst an dem Schmerz teilzuhaben und im Vertrauen weiter vorangehst, kann innere Heilung geschehen. Tritt nicht immer auf der Stelle, gehe mutig Schritte vorwärts. Vertraue dein Herz dem Gott an, der gute Pläne für dein Leben hat.

Wenn wir unseren Fokus so sehr auf das richten, was nicht gut gelaufen ist oder wo uns Menschen verletzt haben, dann laufen wir Gefahr, bitter und missmutig zu werden. Lass deinen Blick vom Heiligen Geist auf das Gute, das Schöne lenken. Entwickle ein dankbares Herz – gerade, wenn es nichts zu geben scheint, wofür du dankbar sein kannst. Entwickle eine Vision für deine Zukunft mit Jesus – auch wenn du gefühlt gerade auf einem Abstellgleis stehst.

Stillstand ist Tod. Wenn sich nichts mehr bewegt, dann sterben wir innerlich ab. Unsere Gefühle stumpfen ab, wir kommen in einen automatischen Ablauf, sind nicht mehr sensibel für das Reden Gottes, werden religiös, wir werden geistlich blind. Der Heilige Geist ist in Bewegung, er weht mal sanft und dann wieder stark.

Selbst wenn er uns in die Ruhe führt, passiert das mit der Intention, uns in Richtung Vaterherz zu bewegen! Mit Gott geht es immer voran, immer tiefer, immer weiter.

Oft können wir das Neue, das Gott tun möchte, nicht erkennen, weil die Umstände eine andere Sprache sprechen. Gott schafft Ströme in der Wüste und die Wüste ist gerade der Ort, wo man kein Wasser vermutet. Gott möchte in deinen widrigen Umständen etwas Neues schaffen und er fragt dich: „Siehst du es nicht?"

Bereite dich auf das vor, was Gott in deinem Leben tun möchte, und mache dich mit ihm auf die Reise. Gib dich nicht mit deiner jetzigen Lebensstation zufrieden – Gott möchte noch so viel mehr tun. Lass das Alte hinter dir, lass Heilung in deinen Schmerz fließen und setze einen Fuß vor den anderen. Schritt für Schritt, immer voran.

Für dein Herz

Gott möchte in deinen widrigen Umständen etwas Neues schaffen und er fragt dich: „Siehst du es nicht?"

Entspannungsübung

Starte mit der Atemübung.

Setze dich aufrecht hin und achte darauf, wie dein Atem fließt. Wenn du innerlich ruhig geworden bist, dann lege deine Hände geöffnet auf deine Beine oder neben deinen Körper – als Zeichen dafür, dass du loslässt und bereit bist zu empfangen.

Lege nun deine Hände auf deine Brust. Nimm wahr, wie sich dein Brustkorb mit jedem Atemzug hebt und senkt. Verweile hier und spüre, wie dein Atem langsam ruhiger und gleichmäßiger wird.

Sprich in Gedanken beim Einatmen:

Ich gebe dir meinen Schmerz …

Sprich in Gedanken beim Ausatmen:

… und empfange deine Heilung.

Meditation

Mein geliebtes Kind!

Komm zur Ruhe bei mir. Spüre, wie sich Ruhe um dich herum und in dir ausbreitet. Genieße diese kleine Oase und öffne dein Herz für eine Begegnung mit mir.

Man entdeckt keine neuen Erdteile, ohne den Mut zu haben, alte Küsten aus den Augen zu verlieren.

ANDRÉ GIDE

Mein Joch ist sanft und meine Bürde ist leicht. Nimm mein Joch auf dich. Ich bin demütig und freundlich, und deine Seele wird bei mir zur Ruhe kommen. Schau auf mich! Lass alles los, was dich quält und belastet – ich trage deinen Schmerz, deine Enttäuschung, deine Angst, deine Sorge, deine Verletzungen mit dir. Ich bin für dich und nicht gegen dich – was können Menschen dir schon tun?

Meine Liebe ist unauslöschlich und mein Ja zu dir wankt nicht. Du kannst nichts tun, um meine Liebe zu dir zu erschüttern. Ich stehe zu dir, ich umgebe dich von allen Seiten.

Je mehr du mich und meinen Charakter kennenlernst, desto leichter wird es dir fallen, mir in jeder Lebenssituation zu vertrauen. Auch in den Zeiten, in denen sich scheinbar nichts bewegt und sich alles wie festgefahren anfühlt. Ich bin immer am Werk, ich arbeite oft tief in dir, in den tiefsten Herzensschichten, und du merkst es nicht. Oder es tut einfach nur weh und du kannst es nicht erklären. Ich reinige dich und bereite dich vor. Ich trainiere deine Ausdauer.

Ich helfe dir in deiner Liebe zu mir zu wachsen und kindliches Vertrauen zu entwickeln. Mein Wort ist eine Leuchte für deine Füße. Der Lichtschein mag nicht groß sein, aber ich gebe dir genug Licht für den nächsten Schritt. Gehe weiter mutig voran!

Bleib nicht stehen, verharre nicht in Wut und Schmerz. Lass dich von mir anrühren und heilen. Schritt für Schritt. Behalte ein weiches Herz und einen demütigen Geist. Beuge dich unter meiner rechten Hand und ich werde dich zur rechten Zeit erheben.

Atme einfach ein und aus. Genieße meine Gegenwart. Ich bin für dich da. Ich stelle deine Füße auf weites Land und ich schenke dir voll ein. Gutes und Barmherzigkeit sollen dir auf Schritt und Tritt folgen – alle Tage deines Lebens. Empfange meine Güte, empfange all die himmlischen Segnungen, die ich für dich bereithalte. Setze dein Vertrauen nicht in deine Umstände, setze dein Vertrauen alleine auf mich. Denn ich stehe zu meinem Wort: Wer sein Vertrauen auf mich setzt, wird nicht vor Scham erröten.

Ich habe alles für dich vorbereitet. Lass uns gemeinsam von deiner Zukunft träumen. Denke und bete groß, denn du hast einen großen Gott.

Lies die Zusprüche deines Vaters nach!
Matthäus 11,29-30 / Psalm 136,26 / 1. Petrus 5,6 / Psalm 31,9 / Epheser 1,3 / Psalm 34,6

Reflektiere

Wo in deinem Leben scheint es gerade Stillstand zu geben?

Welche Umstände, die du gerade erlebst, sprechen eine andere Sprache als Gottes Wort? Identifiziere Lügen des Feindes und ersetze sie mit Gottes Wahrheit.

Hält dich ein bestimmter Schmerz immer wieder zurück nach vorne zu gehen? Schreibe auf, um welchen Schmerz es sich handelt, und lasse ihn ganz bewusst im Gebet los.

Das hat Gott zu mir gesprochen:

Werde praktisch

Oft gewöhnen wir uns so sehr an Stillstand in unserem Leben, dass wir uns damit arrangieren. Nimm einen Bereich, den du identifiziert hast, und gehe proaktiv damit um.

Hier einige Beispiele:

> Gott hat dich dazu berufen zu predigen, aber du wurdest einmal darauf hingewiesen, dass Frauen nicht predigen dürfen. Seitdem halten dich die Scham und Angst vor Ablehnung zurück. Gib Gott neu dein Ja, deiner Berufung treu zu sein, und bete um eine Gelegenheit zu predigen.
>
> Deine Ehe leidet schon lange unter Entfremdung und du hast dich damit arrangiert. Gehe den ersten Schritt auf deinen Ehepartner zu und mache es dir zum Ziel, eure Beziehung zu pflegen.
>
> Deine Kinder sind anstrengend und du hast die Hoffnung aufgegeben, dass das Mamasein dir Freude macht. Beginne neu über deinen Kindern zu beten und erobere dein Haus zurück für Jesus.

Indem wir uns von unseren äußeren Umständen nicht einschüchtern lassen, gehen wir im Glauben Schritt für Schritt weiter voran. Wir geben Bitterkeit und Unfrieden keinen Raum, sondern glauben, dass wir mit Gott von Herrlichkeit zu Herrlichkeit gehen!

Lache

Lache

Die mit Tränen säen, werden mit Jubel ernten. Weinend gehen sie hinaus und streuen ihre Samen, jubelnd kehren sie zurück, wenn sie die Ernte einholen.

PSALM 126,5-6

Gott ist gut gelaunt! Er hat Humor, vor ihm ist Freude die Fülle. Wenn wir in seine Gegenwart kommen, dann ist da nicht nur Frieden, sondern auch Freude. Und diese Freude ist stärker als alles Leid.

Ich erinnere mich gerne an ein Kirchenlied, das ich als Teenager bei den Marienschwestern in Darmstadt kennengelernt habe: *In dir ist Freude in allem Leide* von Giovanni Giacomo Gastoldi. Dieser eine Satz hat sich bei mir eingebrannt, denn die Freude Gottes ist nicht von unseren Umständen abhängig. Wir können mitten im Leid Freude empfinden.

Paulus schrieb den Philipperbrief im Gefängnis und er ist eines der am meisten mit Freude gefüllten Bücher des Neuen Testaments. Insgesamt sechzehn Mal wird das Wort *Freude* erwähnt. Biblische Freude macht sich nicht abhängig von äußeren Umständen, sondern orientiert sich an Jesus. Jesus ist der Grund für unsere Freude, und weil er sich nicht ändert, sondern konstant unser Retter und Erlöser bleibt, kann auch unsere Freude konstant bleiben.

Das ist ein geistliches Geheimnis, das man mit dem Verstand nicht begreifen kann. Freude ist eine Emotion und man kann sich nicht einfach dazu entscheiden, sich zu freuen, man muss sie fühlen. Genauso ist es mit unserer Herz-zu-Herz-Verbindung zu Jesus. Man kann sie nicht mit dem Kopf beschreiben. Es ist etwas, das wir tief in unserem Geist fühlen.

Freude ist ansteckend und Freude fällt auf – vor allem wenn man nach menschlichen Maßstäben nichts zum Freuen hat. Krankheiten, finanzielle Engpässe, Verrat, zerplatzte Träume – all das soll uns unsere Freude rauben. Wenn wir aber gerade dann unser Herz so positionieren, dass es die Freude von Jesus empfangen kann, dann macht das den größten Unterschied. Nicht nur für uns! Sondern auch für die Menschen um uns herum.

Selbst der Tod kann uns nicht länger die Freude rauben: „Tod, wo ist dein Sieg? Tod, wo ist dein Stachel?" (1. Korinther 15,55). „Und nun, Brüder, möchte ich, dass ihr wisst, was mit denen geschieht, die bereits gestorben sind, damit ihr nicht traurig seid wie jene Menschen, die keine Hoffnung haben" (1. Thessalonicher 4,13). Selbst unter Tränen können wir jubeln, denn Gott hat uns die Verheißung gegeben, dass die, die mit Tränen säen, mit Jubel ernten werden.

Warum fällt es uns also so schwer, Freude zu spüren und auszuleben? Da gibt es bestimmt viele Gründe, aber hier ein paar, die mir einfallen:

> Wir sind so geprägt. Ob durch unser Elternhaus oder die Gesellschaft – Freude hat einfach nie einen Platz haben dürfen.
>
> Wir denken und leben nach menschlichen Maßstäben und haben unser königliches Mindset noch nicht genug trainiert. Schwierige Umstände setzen wir deshalb automatisch mit Traurigkeit gleich.
>
> Wir wollen keinem auf die Füße treten und denken, es wird von uns erwartet, mit gewissen Emotionen auf bestimmte Situationen zu reagieren. Freude hat da in der Regel keinen Platz.
>
> Wir haben Festlegungen getroffen, die uns nicht erlauben in der Freude zu leben. Wir haben Sätze wie „Ich werde nie fröhlich sein" selbst gesagt oder haben ihnen Glauben geschenkt.

Wir können unsere Gedanken und unsere Gefühlswelt durch den Heiligen Geist transformieren lassen und hier schon auf der Erde in himmlische Freude kommen. Diese Freude trägt auch dann, wenn um uns herum alles dunkel ist. Das ist ein Prozess und oft auch ein Auf und Ab – aber wir können unsere Gedanken und unsere Gefühle unter die Herrschaft Christi stellen und feindliche Gedankenfestungen abbauen (2. Korinther 10,5).

Für dein Herz

In dir ist Freude in allem Leide.

Entspannungsübung

Starte mit der Atemübung.

Setze dich aufrecht hin und achte darauf, wie dein Atem fließt. Wenn du innerlich ruhig geworden bist, dann lege deine Hände geöffnet auf deine Beine oder neben deinen Körper – als Zeichen dafür, dass du loslässt und bereit bist zu empfangen.

Zum fruchtbaren Leben gehört die Freude.

FRIEDRICH VON BODELSCHWINGH

Lege nun deine Hände auf deine Brust. Nimm wahr, wie sich dein Brustkorb mit jedem Atemzug hebt und senkt. Verweile hier und spüre, wie dein Atem langsam ruhiger und gleichmäßiger wird.

Sprich in Gedanken beim Einatmen:

Ich gebe dir meine Trauer …

Sprich in Gedanken beim Ausatmen:

… und empfange deine Freude.

Meditation

Mein geliebtes Kind!

Heute will ich dich mit Freude segnen. Öffne deine Hände, dein Herz und deine Gedanken und empfange, was um mich herum vibriert. Freude in Fülle! Meditiere über diesen Wahrheiten, die direkt aus meinem Wort stammen:

Freue dich in mir! Ich sage es noch einmal: Freue dich!

Ich bin der Gott, der dir Hoffnung gibt und dich mit Frieden und Freude füllt, sodass deine Hoffnung immer größer wird durch die Kraft des Heiligen Geistes.

Bitte in meinem Namen, und du wirst empfangen, dann wird deine Freude vollkommen sein.

Ich zeige dir den Weg zum Leben und schenke dir die Freude meiner Gegenwart. Aus meiner Hand kommt dir ewiges Glück.

Du liebst mich, obwohl du mich noch nie gesehen hast. Und obwohl du mich nicht siehst, glaubst du mir, und schon jetzt bist du erfüllt von herrlicher Freude. Die Freude an mir ist deine Stärke.

Als viele Sorgen dich quälten, gab mein Trost dir neue Hoffnung und Freude. Ich habe deine Trauer in einen Tanz voller Freude verwandelt. Ich habe deine Trauergewänder ausgezogen und dir Freude geschenkt.

Ehre und Herrlichkeit umgeben mich, Macht und Freude erfüllen meine Wohnung.

Verweile noch ein wenig in der Haltung des Empfangens. Ich will dich mit meiner himmlischen Freude füllen! Bitte mich darum, ich will sie dir gerne geben.

Lies die Zusprüche deines Vaters nach!
Philipper 4,4 / Römer 15,13 / Johannes 16,24 / Psalm 16,11 / Nehemia 8,10 / Psalm 94,19 / Psalm 30,12 / 1. Chronik 16,27

Reflektiere

Wo in deinem Leben raubt der Feind dir Freude?

Was hält dich zurück, ein Leben voller Freude zu haben?

Kennst du jemanden, der einen Lebensstil der Freude pflegt? Wenn ja, frage diese Person nach ihren Geheimnissen.

Das hat Gott zu mir gesprochen:

Werde praktisch

Ein Lebensstil der Freude wird uns nicht auf dem Silbertablett serviert. Oft müssen Lebenslügen und Altlasten aussortiert werden, bevor wir in den Genuss dieses Segens kommen. Wir müssen unser menschliches Denken ablegen und uns das *Reich-Gottes-Mindset* antrainieren. Hier ein paar Tipps, wie du diesen Prozess beschleunigen kannst:

Verankere dich in Gottes Wort und ziehe deine Hoffnung aus seinen Verheißungen.

Entwickle ein dankbares Herz. Dankbarkeit macht glücklich. Schreibe jeden Tag in dein Tagebuch 10 Dinge, für die du dankbar bist.

Es ist wissenschaftlich bewiesen, dass selbst ein unechtes Lächeln dem Gehirn Freude vermittelt.[3] Lächle dich jeden Tag mindestens 1 Minute im Spiegel an!

Lache den Feind aus. Auch wenn es sich komisch anfühlt und dir gar nicht danach ist. Lache laut – oft kommt das richtige Lachen dann von selbst.

Verwende reine ätherische Zitrusöle (wie z.B. Orange). Der Duft löst Glücksgefühle aus.

Umgib dich mit Menschen, die einen Lebensstil der Freude pflegen.

Höre Lobpreismusik so oft, wie du kannst.

Mach anderen eine Freude. Es tut gut, von sich selbst wegzuschauen und anderen ein Segen zu sein.

DIY-IDEE

Parfüm „Joy“

Vor Gott ist Freude die Fülle und er hat das Öl der Freude über Jesus und uns ausgegossen. Wie wäre es, wenn wir uns mit einem Duft der Freude umhüllen?

ZUTATEN

Ein 10-ml-Roll-on-Fläschchen aus Glas (gibt's im Onlinehandel)
Fettes Öl (z. B. Jojoba- oder Mandelöl)
10 Tropfen ätherisches Öl (hier kannst du gut Zitrusöle oder blumige Öle verwenden, wie z. B. Rose, Geranie, Ylang Ylang oder Jasmin)

SO GEHT'S!

1 Tropfen Rose, 3 Tropfen Ylang Ylang und 6 Tropfen Mandarine im Fläschchen vermischen.

Mit fettem Öl auffüllen, Roll-on-Aufsatz anbringen, auf die Pulspunkte an deinem Körper auftragen und die Freude des Herrn verkündigen!

Bete

Bete

Seid immer fröhlich. Hört nicht auf zu beten.

1. THESSALONICHER 5,16-17

Gott lebt Beziehung und jede Beziehung lebt von Kommunikation. Zwischen uns Menschen muss ein Austausch von Gedanken, Gefühlen, Träumen, Erlebnissen und Eindrücken stattfinden, dass man sich kennen und verstehen lernt.

Mit Gott ist es nicht anders. Er will uns sein Herz mitteilen, was ihn bewegt und was ihm wichtig ist, und er will von uns hören. Er sehnt sich danach, dass wir mit ihm ins Gespräch kommen! Das nennt man dann auch beten.

Das Wort *beten* kommt aus dem Germanischen und bedeutete ursprünglich *bitten*. Doch was wir unter biblischem Beten verstehen, ist so viel mehr als das. Es ist ein Austausch von Herz zu Herz, zwischen Schöpfer und Geschöpf, zwischen Vater und Kind. Es beinhaltet Klagen, Jubeln, Informationsaustausch, Bitten.

Es ist ein Anteilnehmen am Gegenüber – wir hören im Gebet, was Gott sagen möchte, und er schenkt uns sein Ohr. Gewissermaßen ist es ein Geben und Nehmen, ein ständiges Fließen von Worten und Gedanken.

Gebet ist auch ein Übereinstimmen mit Gottes Wort. Wir beten sozusagen Gottes Wort aus und erinnern ihn (und uns) an seine Verheißungen, fordern sie ein als seine Kinder. Wir machen uns sein Vokabular zu eigen und lernen so zu denken, wie er denkt, und so zu sprechen, wie er spricht.

Wenn wir anfangen mit Gottes Wort zu beten, dann fangen unsere Gedanken an sich zu verändern und formen sich nach den Gesetzen, die im Reich Gottes herrschen. Wir lernen eine neue Kultur, eine neue Sprache und leben unsere Identität als Himmelsbürger mehr und mehr aus (Philipper 3,20).

Das fühlt sich am Anfang vielleicht merkwürdig an, vielleicht erleben wir sogar einen Kulturschock – alles, was wir bisher gelernt haben, scheint im Reich Gottes nicht zu greifen. Hier geht es darum zu sterben, um zu leben. Es geht darum, Schätze im Himmel zu sammeln und nicht auf der Erde und sich zu demütigen vor Gott, um erhöht zu werden.

Es geht um Säen und Ernten, Traurigkeit und Freude in einem Kontext, der nicht in weltliche Gesetzmäßigkeiten passt. Wenn wir unsere Gebete mit Gottes Wort füllen, werden diese neuen Erfahrungen zur Norm, und wir entwickeln ein *Königreich-Gottes-Denken*. Und dann kann uns nichts mehr aufhalten!

Gebet im biblischen Sinn hat auch nicht immer etwas mit verständlichen und artikulierten Worten zu tun. Tatsächlich fordert uns Gott auch dazu heraus, unseren Verstand beiseitezulegen, wenn wir beten. Nur so können wir Gottes Verheißungen ausbeten (die aus menschlicher Perspektive keinen Sinn ergeben) und nur so erlangen wir Zugang zum Sprachengebet. „Denn wer in Sprachen redet, der redet nicht für Menschen, sondern für Gott; denn niemand versteht es, sondern er redet Geheimnisse im Geist" (1. Korinther 14,2).

Das Sprachengebet, eine Sprache, die vom Heiligen Geist inspiriert ist und für uns kein verständliches Vokabular darstellt, dient unserem Geist zur Auferbauung. Wenn wir nicht mehr wissen, wie wir beten sollen, dann ist das Sprachengebet eine wunderbare Möglichkeit, mit Gott auf einer tiefen Ebene in Verbindung zu treten. Wir sind bereit unseren Verstand auszuschalten (1. Korinther 14,14) und uns eins zu machen mit der „Sprache der Engel" (1. Korinther 13,1).

Sprachengebet ist ein großer Segen für uns und es macht *Gebet ohne Unterlass* so einfach. Wenn du das Sprachengebet noch nicht empfangen hast, dann bitte Gott darum!

Gebet ist eine Brücke zwischen meinem Herzen und Gottes Herzen. Gebet zeigt mir, dass Gott Interesse an mir hat, und ermöglicht mir wiederum ihn besser kennenzulernen. Es ist keine Pflichtübung und kein religiöses Ritual – es ist der Herzschlag unserer Beziehung zu Gott.

Für dein Herz

Gebet ist eine Brücke zwischen meinem Herzen und Gottes Herzen.

Entspannungsübung

Starte mit der Atemübung.

Setze dich aufrecht hin und achte darauf, wie dein Atem fließt. Wenn du innerlich ruhig geworden bist, dann lege deine Hände geöffnet auf deine Beine oder neben deinen Körper – als Zeichen dafür, dass du loslässt und bereit bist zu empfangen.

Lege nun deine Hände auf deine Brust. Nimm wahr, wie sich dein Brustkorb mit jedem Atemzug hebt und senkt. Verweile hier und spüre, wie dein Atem langsam ruhiger und gleichmäßiger wird.

Sprich in Gedanken beim Einatmen:

Ich öffne meine Ohren …

Sprich in Gedanken beim Ausatmen:

… für dein Reden.

Meditation

Mein geliebtes Kind!

Ich freue mich an dir. Lass diese Wahrheit tief in dein Herz sinken. Mein Herz ist mit Freude erfüllt, wenn ich dich ansehe. Ich bin nicht enttäuscht und nicht frustriert. Ich bin von tiefer Freude erfüllt, wenn ich an dich denke und dich sehe.

Christen, die beten, sind wie Säulen, die das Dach der Welt tragen.

MARTIN LUTHER

Ich liebe es, mit dir in Beziehung zu treten. Ich liebe es, wenn du mir Einblicke in dein Herz schenkst. Ich liebe es, wenn du mir genug vertraust, dass du mir dein Leid klagst. Ich liebe es, wenn du deine Dankbarkeit mit mir teilst, weil du einen schönen Sonnenuntergang beobachtest. Ich liebe es, die kleinen Momente im Alltag mit dir gemeinsam zu erleben. Ich liebe es, wenn du mich einlädst in deine täglichen Abläufe, die vielen Aufgaben und Herausforderungen. Ich liebe es, das Leben mit dir zu teilen!

Nichts würde mich jemals langweilen oder abstoßen. Du darfst mit allem zu mir kommen. So wie du bist. Mit deinen Fragen und Sorgen, deinen Erfolgen und Misserfolgen, mit deiner Trauer und Angst. Du bist mir willkommen!

Darf ich auch mein Herz mit dir teilen? Willst du Anteil haben an dem, was mir wichtig ist? Willst du hören, wie ich Dinge einordne und beurteile?

Ich will mit dir die Geheimnisse des Himmels teilen, ich will, dass du deinen Platz im himmlischen Thronsaal einnimmst, wo deine Gebete wie Weihrauch zu mir aufsteigen. Ich will, dass du meine Herrlichkeit schmeckst und siehst und erlebst. Du hast Zugang zu alldem, weil du mein geliebtes Kind bist. Weil mein Sohn den Preis gezahlt hat, weil der Vorhang zum Allerheiligsten zerrissen ist. Du hast Zugang zu meinem Herzen!

Ich will dir begegnen. Die Begegnungen mit mir werden dich für immer verändern. Lass dich darauf ein. Öffne dein Herz. Sprich mit mir und höre auf meine Worte.

Und wenn es so scheint, als würde ich schweigen, dann sei gewiss: Ich bin bei dir. Alle Tage bis an der Welt Ende. Ich stehe zu meinen Verheißungen. Und sei gewiss: Ich schweige nicht. Mein Wort spricht immer. Meine Schöpfung transportiert jeden Tag meine Liebe für diese Welt und gibt Zeugnis von meiner Herrlichkeit. Suche mich und du wirst mich finden! Niemals bin ich dir fern.

Lies die Zusprüche deines Vaters nach!
Jeremia 33,3 / Matthäus 28,20 / Römer 8,16-18

Reflektiere

Schreibe deine Definition von Gebet auf.

Inwiefern ist Gebet für dich eine Last? Was kannst du tun, dass Gebet eine natürliche Interaktion mit deinem Schöpfer wird?

Wie erlebst du Gottes Reden? Wie spricht er zu dir?

Das hat Gott zu mir gesprochen:

Werde praktisch

Gebet fällt uns nicht einfach in den Schoß. Konzentrierte Zeiten im Gebet fallen oft einem vollen Terminkalender und Müdigkeit zum Opfer. Versuche Gebet in deinen Alltag zu integrieren, ohne dir Druck zu machen. Eine gesunde Kommunikation lebt davon, dass sie gerne geführt wird. Alles, was erzwungen wird, ist kontraproduktiv. Gesunde Kommunikation lebt von Vertrauen, Offenheit und Geborgenheit.

Bete während einer Tätigkeit, zum Beispiel beim Joggen, Spazierengehen, Wäschefalten, Geschirrabwaschen.

Führe ein Gebetstagebuch. Halte deine Gebete fest und notiere Gebetserhörungen, Offenbarungen und Begegnungen mit Gott.

Praktiziere das Sprachengebet, das sich wunderbar in den Alltag integrieren lässt, wenn wir unseren Kopf für etwas anderes brauchen, zum Beispiel in Meetings, in der Schule, bei der Arbeit am Computer.

Schaffe dir kleine Rituale, die dir helfen im Hier und Jetzt anzukommen und deine Gebetszeit einzuläuten, zum Beispiel der Geruch eines ätherischen Öls (wie Weihrauch), das Anzünden einer Kerze, einen gemütlichen Platz ...

Hefte dir Bibelverse an den Kühlschrank, ins Auto oder an den Badezimmerspiegel und formuliere sie wie ein Gebet – mach sie persönlich.

Lass Lobpreismusik im Hintergrund laufen und erlaube deinem Geist zu beten, selbst wenn du auf etwas anderes konzentriert bist.

Gestalte deine Gebete kreativ – schreibe einen Brief an Gott, male ein Bild, tanze, höre eine christliche Meditation.

Und vergiss nicht, dass Gebet Geben und Nehmen ist: Du teilst dich Gott mit und machst dich eins mit seinen Verheißungen und gleichzeitig will sich Gott dir mitteilen. Einfach still sein und hören ist auch eine Form von Gebet.

✲ ✲ ✲

Finde deine Stimme

Finde deine Stimme

Meine Taube verbirgt sich hinter den Felsen, verharrt in einem Versteck in der Felswand. Lass mich dich sehen; lass mich deine Stimme hören!

HOHELIED 2,14

Versteckst du dich und deine Stimme? Wurdest du in der Vergangenheit immer wieder überhört? Hat man versucht, dich leise zu halten? Wurdest du für das, was der Herr dir aufs Herz gelegt hat, belächelt?

Ich weiß genau, wie sich das anfühlt. Und ich verstehe, wenn du dich daraufhin versteckt hast. Heute will ich dir sagen: Es ist an der Zeit, dass du deine Stimme wieder neu entdeckst und sie erhebst. Deine Tonlage, dein Liedtext fehlen in der großen Symphonie, die Gott schreibt. Er hat dir eine Botschaft gegeben und diese Botschaft muss gehört werden. Höre auf die Stimme Jesu, die dir sagt: Komm heraus aus deinem Versteck! Lass mich deine Stimme hören!

Fange an, deine Stimme in der Gegenwart Jesu zu trainieren. Rede mit ihm. Kleide in Worte, was dich beschäftigt, was dich antreibt. Erkläre ihm deine Verletzungen, deine Ängste. Fange an dich mit deiner Stimme zu identifizieren und sie nicht länger als lästiges Anhängsel zu empfinden.

Werde auch ruhig mal laut, lass dich hören! Übe dich im Singen im Geist (1. Korinther 14,15), gib dem Heiligen Geist Raum in deiner Stimme. Mit der Zeit wirst du merken, wie deine körperliche und geistliche Stimme an Kraft und Autorität gewinnt.

Gott hat dir eine Stimme gegeben, um einen Unterschied in der geistlichen und physischen Welt zu machen. Durch deine Gebete und Proklamationen können sich Berge verschieben (Matthäus 17,20-21) und in der Welt, in der wir leben, kann deine Stimme zu Gerechtigkeit und Leben beitragen (Esther 4,14).

Mache von deiner Stimme Gebrauch, indem du ins Gebet gehst, und fange an die Welt um dich herum zu verändern, indem du Gerechtigkeit aussprichst, wo Ungerechtigkeit herrscht. „Tu deinen Mund auf für die Stummen und für die Sache aller, die verlassen sind. Tu deinen Mund auf und richte in Gerechtigkeit und schaffe Recht dem Elenden und Armen" (Sprüche 39,8). Decke die *nutzlosen Taten der Finsternis* auf und stelle sie bloß (Epheser 5,11). Habe keine Angst und keine Scheu, für Gottes Wahrheiten in einer verdrehten Welt geradezustehen.

Trainiere deine Stimme im Verborgenen und lass sie im Sichtbaren laut und klar klingen!

Diese Welt braucht Menschen, die tief im Wort Gottes verwurzelt sind und sich nicht vom Zeitgeist einlullen lassen. Menschen, die den Mut haben, deutlich auszusprechen, was nicht mit dem Wort Gottes vereinbar ist. Deine Stimme wird hier gebraucht!

Du brauchst dir nicht den Kopf zerbrechen, wann du was wie sagen sollst. Vielleicht fällt es dir schwer, dich zu artikulieren oder unter Anspannung die richtigen Worte zu finden. „Wenn ihr verhaftet werdet, macht euch keine Sorgen, was ihr zu eurer Verteidigung sagen sollt, denn Gott wird euch zur rechten Zeit die rechten Worte in den Mund legen" (Matthäus 10,19).

In Bedrängnis und Konfliktsituationen kannst du dich darauf verlassen, dass der Heilige Geist dir helfen wird die richtigen Dinge zu sagen. Und natürlich kommt man nur in solche Situationen, wenn man schon vorher den Mund aufgemacht und sich treu an die Seite Gottes gestellt hat! Das heißt, sollte es dazu kommen, dass du zu diesem Zeitpunkt schon einiges an Training hinter dir hast, bist du innerlich gefestigt und kannst voll und ganz auf den Heiligen Geist vertrauen.

Die Zunge ist so ein kleines Ding, schreibt Jakobus, und hat doch Macht über Leben und Tod (Jakobus 3,6). Nutze deine Worte, um Leben zu sprechen. Auferbauung und nicht Zerstörung. Trost und Frieden anstatt Häme und Spott. Jesus fordert dich heute dazu heraus, deine Stimme neu in Besitz zu nehmen und unter seine Herrschaft zu stellen! Sei mutig und erhebe deine Stimme! Lass sie hören.

Für dein Herz

Gott hat dir eine Stimme gegeben, um einen Unterschied in der geistlichen und physischen Welt zu machen.

Entspannungsübung

Starte mit der Atemübung.

Setze dich aufrecht hin und achte darauf, wie dein Atem fließt. Wenn du innerlich ruhig geworden bist, dann lege deine Hände geöffnet auf deine Beine oder neben deinen Körper – als Zeichen dafür, dass du loslässt und bereit bist zu empfangen.

Lege nun deine Hände auf deine Brust. Nimm wahr, wie sich dein Brustkorb mit jedem Atemzug hebt und senkt. Verweile hier und spüre, wie dein Atem langsam ruhiger und gleichmäßiger wird.

Sprich in Gedanken beim Einatmen:

Ich stehe auf …

Sprich in Gedanken beim Ausatmen:

… und erhebe meine Stimme.

Meditation

Mein geliebtes Kind!

Deine Stimme bedeutet mir so viel. Ich höre deinen Worten zu und es berührt mich, wenn du mich ansprichst und meinen Namen nennst. Ich wende dir meinen Kopf zu und du hast meine ganze Aufmerksamkeit. Ich liebe es, wenn wir ins Gespräch kommen und du mir deine inners-ten Wünsche und Geheimnisse offenbarst.

Ich will meine Worte in deinen Mund legen und durch deine Stimme meine Liebe und Wahrheit in die Welt transportieren. Das fordert dich oft heraus und ich möchte dich durch meinen Geist trainieren einen festen Platz einzunehmen. Der Lärm des Feindes darf dich nicht übertönen. Die Angriffe auf deine Stimme müssen schweigen.

Ich will dich mit Liebe und Wahrheit und meiner Herrlichkeit füllen, dass es aus deinem Mund herausfließt. Ohne Anstrengung und Angst – ganz natürlich. „Was immer in deinem Herzen ist, das bestimmt auch dein Reden."

Hüte deine Zunge und verbreite keine Lügen. Freundliche Worte schenken Leben; eine betrügerische Zunge aber zerstört den Geist. Lass deine Worte mit meiner Liebe und Gnade vibrieren. Lass mich deine Worte mit meiner Gegenwart bedecken und mit meiner Wahrheit durchtränken.

Höre, was ich zu dir spreche! Höre die Worte der Liebe und Annahme! Höre die Worte, die warnen und mahnen. Weil ich dich liebe, erziehe ich dich. Ich setze Grenzen, um dich in Freiheit zu bringen. Ich halte dich zurück, um dich mit größerer Reichweite zu segnen.

Vertraue meinen Wegen, denn sie sind höher als deine Wege. Vertraue meinem Rat, lass dich mit meinen Augen leiten. Fokussiere dein ganzes Sein auf mich und du wirst lernen meine Worte und meine Wahrheiten auszusprechen und zu beten. Worte des Lebens werden aus deinem Mund fließen und Erneuerung und Heilung bringen.

Deine Worte werden Klarheit bringen, wo Verwirrung herrscht, und Freude, wo Trauer regiert. Deine Worte sollen aufbauen, wo alles brachliegt, und pflanzen, wo gerodet wurde.

Öffne deinen Mund und lass dich von meinem Geist leiten und ermutigen. Habe keine Angst! Denn ich bin mit dir alle Tage bis an der Welt Ende. Ich bin das Wort.

Lies die Zusprüche deines Vaters nach!
Jesaja 51,16 / Lukas 6,45 / Psalm 34,14 / Sprüche 15,4 / Hebräer 12,6 / Johannes 1,1

Reflektiere

Weißt du, welche Botschaft du trägst? Wenn ja, formuliere sie aus. Wenn nicht, bitte Gott, dass er sie dir zeigt.

Welche Botschaft haben alle Christen gemeinsam? Lies dazu Johannes 3,16.

Wo fordert Gott dich heraus deine Stimme zu erheben?

Das hat Gott zu mir gesprochen:

Werde praktisch

Seine eigene Stimme – die physische und die geistliche – zu entdecken, ist ein Prozess, der Mut und Durchhaltevermögen erfordert. Die folgenden Tipps können dich unterstützen:

Atemübungen helfen dir deine Stimme zu entdecken. Im Internet gibt es viele Videos zu Atemübungen und Stimmtraining.

Trainiere deine geistliche Stimme im Gebet. Starte, indem du Bibelverse proklamierst (laut aussprichst). Du machst dich dadurch eins mit den Worten Gottes und berufst dich auf geistliche Realitäten. Das gibt deiner geistlichen Stimme Autorität.

Musik macht das Herz weich. Ganz still und ohne Gewalt macht sie die Tür zur Seele auf.

SOPHIE SCHOLL

Identifiziere die Lügen, die über deiner Stimme ausgesprochen wurden, zum Beispiel: „Du hast nichts zu sagen", „Du bist zu laut". Sage dich von diesen Worten im Namen Jesu los und nimm deine Stimme und die Botschaft, die du trägst, neu an.

✲ ✲ ✲

Teile deine Geschichte

Teile deine Geschichte

Alle sollen es bezeugen, die der Herr gerettet hat, die er aus der Hand ihrer Feinde befreit hat.

PSALM 107,2

Deine Geschichte ist es wert, erzählt zu werden, und deine Kämpfe, deine Siege und Durchbrüche können für andere Hoffnungsschimmer sein. Ich will dich ermutigen, das weiterzugeben, was du mit Gott erlebst. Selbst wenn du noch auf dem Weg bist und noch nicht komplett frei oder geheilt bist, sind die Schritte, die du schon gegangen bist, unendlich wertvoll. Dort draußen wartet jemand darauf, den ersten Schritt zu gehen, und du kannst der Auslöser dafür sein!

Wir erleben Heilung und Freisetzung niemals nur für uns selbst. Es geht nicht darum, sich endlich gemütlich zurückzulehnen und den Segen Gottes still und heimlich zu genießen (wobei dafür natürlich auch Raum und Zeit sein darf!). Am Ende des Tages muss dieser Segen weiterfließen – der Segen Gottes ist kein Tümpel, der in uns ruht, sondern eine sprudelnde Quelle, die aus uns herausfließen muss! Der Segen, den Gott uns schenkt, soll sich multiplizieren und das geht nur, wenn wir ihn mit anderen teilen.

Das erfordert Mut, denn wir machen uns verletzlich, wenn wir unser Herz öffnen und andere an inneren Prozessen teilhaben lassen. Diese Verletzlichkeit birgt aber eine ungeheure Durchschlagskraft in sich und erlaubt anderen wiederum sich zu öffnen und authentisch zu leben.

Wir brauchen keine glatt lackierten Fassaden mit verriegelten Türen – wir brauchen offene Gärten, wo Unkraut sichtbar sein darf, wo ein Prozess spürbar ist und nicht jeder Grashalm mit der Schere abgeschnitten wird. Wir dürfen unser echtes unverfälschtes Leben mit anderen teilen.

In Jesus gibt es keine Verdammnis. Wir sind zur Freiheit befreit und müssen nicht in Scham leben. Wir dürfen frei von dem erzählen, wer

Jesus für uns ist und was er für uns getan hat! Wenn wir es nicht tun, schreien die Steine (Lukas 19,40).

Ich denke oft an die Frau am Jakobsbrunnen, die in der Mittagshitze allein zum Brunnen gegangen ist, nur um die anderen Frauen und ihre verurteilenden Blicke zu meiden. Die dort Jesus begegnet und erlebt, wie ihre Scham durch die Liebe Gottes gebrochen wird. Die dann voller Begeisterung zurück zum Dorf rennt und jedem von Jesus erzählt. Das macht eine Begegnung mit Jesus: Sie setzt frei von Scham und ermöglicht es uns, auf andere zuzugehen. Wir können von dem erzählen, wer Jesus ist und was er für uns getan hat.

Das Leid brachte die stärksten Seelen hervor. Die allerstärksten Charaktere sind mit Narben übersät.

KHALIL GIBRAN

Erzähle deine Geschichte. Lass dich nicht von Scham, falsch verstandener Demut oder Angst zurückhalten. Deine Geschichte soll dazu beitragen, dass das Reich Gottes größer wird, dass mehr Menschen in die Freiheit finden und Begegnung mit Jesus erleben! Deine Geschichte ist unendlich wertvoll und muss gehört werden.

Für dein Herz

Der Segen, den Gott uns schenkt, soll sich multiplizieren und das geht nur, wenn wir ihn mit anderen teilen.

Entspannungsübung

Starte mit der Atemübung.

Setze dich aufrecht hin und achte darauf, wie dein Atem fließt. Wenn du innerlich ruhig geworden bist, dann lege deine Hände geöffnet auf deine Beine oder neben deinen Körper – als Zeichen dafür, dass du loslässt und bereit bist zu empfangen.

Lege nun deine Hände auf deine Brust. Nimm wahr, wie sich dein Brustkorb mit jedem Atemzug hebt und senkt. Verweile hier und spüre, wie dein Atem langsam ruhiger und gleichmäßiger wird.

Sprich in Gedanken beim Einatmen:

Mein ganzes Leben …

Sprich in Gedanken beim Ausatmen:

… ist in deiner Hand.

Meditation

Mein geliebtes Kind!

Ich schreibe mit deinem Leben eine Geschichte. Es gibt verschiedene Kapitel, die wir schon gemeinsam durchlebt haben. Schöne und tragische Kapitel, hoffnungsvolle und dunkle.

Ich verwende auch die schmerzvollen Aspekte deines Lebens, obwohl das nie mein Wille für dich war. Ich habe nur gute Gedanken über dich, Gedanken des Heils und nicht des Unheils.

In der gefallenen Welt bist du mit Krankheit und Verlust konfrontiert, aber ich halte alles in der Hand und sorge dafür, dass du behütet durch das Tal des Todes wandern kannst.

Ich bin wie ein Autor, immer weiß ich schon, was das nächste Kapitel beinhalten wird. Vertraue mir, dass ich jede einzelne Seite beschreibe und mit größter Sorgfalt und Liebe zusammenstelle. Ich sehe dein Lebensbuch im Ganzen. Ich weiß, auf welchen Wegen ich dich noch führen werde, und ich habe alles in der Hand! Mir entgleitet nichts und nichts bringt mich aus der Ruhe.

Ich schreibe Geschichte mit deinem Leben, um mein Vaterherz sichtbar zu machen. Du bist wie eine Leinwand, auf der ich male und das Porträt meines Wesens sichtbar wird. Du bist wie eine Kerze, die ich anzünde, um mein Licht in dieser Welt noch heller strahlen zu lassen. Verstecke dich nicht! Stelle dein Licht nicht unter den Scheffel! Lass andere an dem Kunstwerk teilhaben, das ich in deinem Leben vollbringe.

Vielleicht siehst du noch nicht alle Farben. Vielleicht erkennst du das ganze Design noch nicht. Vertraue mir in dem Prozess und glaube mir, dass am Ende alles wunderschön und passend sein wird.

Teile das, was du schon siehst und wahrnimmst, mit anderen. Öffne dein Herz und lass andere schmecken und sehen, dass ich gut bin.

Erlaube, dass dein Heilungsprozess andere ermutigt und aufbaut. Lass das lebendige Wasser aus deinem Inneren hin zu anderen fließen und halte nichts zurück. Ich verherrliche mich durch deinen Schmerz und deine Wunden.

Mein Wille ist es, dass das, was der Feind dir zum Schaden verwenden wollte, in Segen verwandelt wird – für dich und für andere. Mir ist nichts unmöglich!

Und weil du mich liebst, wird dir alles zum Besten dienen. Auch der Schmerz, auch die dunklen Kapitel. Ich verschwende nichts und verwende auch das scheinbar Nutzlose, das Unfaire, das Schmerzhafte und webe es in meinen Plan für dein Leben.

Was ich an dir und in dir und durch dich tue, soll dich aufbauen und stärken und andere ermutigen. Sie sollen an dir sehen und von dir hören, wer ich bin! Lass meine Liebe laut durch dein Leben sprechen. Je mehr Risse du hast, desto heller kann mein Licht durch dich scheinen. Je weicher dein Herz vor mir ist, desto leichter kann ich es formen und durch dich andere Menschen erreichen.

Ich bin für dich, niemals gegen dich. „Oder weißt du nicht, dass dein Körper ein Tempel von meinem Heiligen Geistes ist, der in dir ist, und den du von mir? Weißt du nicht, dass du nicht mehr dir selbst gehörst? Denn du bist teuer erkauft. Du bist mein. Darum kannst du mich auch mit deinem Körper anbeten. Wenn ich für dich bin, wer kann jemals gegen dich sein?"

Lies die Zusprüche deines Vaters nach!
Matthäus 5,14-15 / Römer 8,28 / Psalm 27,1 / 1. Korinther 6,19

Reflektiere

Was tut Gott gerade in deinem Leben, womit du andere ermutigen kannst?

Inwiefern hält Scham dich zurück, dein Zeugnis mit anderen zu teilen?

Wie kann Reich Gottes gebaut werden, wenn du deine Geschichte mit anderen teilst? Was wird freigesetzt?

Welche Verheißung liegt auf den Erfahrungen, die du mit Gott bereits gemacht hast? Welchen Aspekt von Gottes Wesen kannst du anderen weitergeben?

Das hat Gott zu mir gesprochen:

Werde praktisch

Zeugnis von dem, was Gott tut und wer er ist, kannst du überall ablegen. Werde im Alltag sensibel dafür, wenn der Heilige Geist dich dazu herausfordert, dein Herz mit anderen zu teilen.

Du begegnest einem Menschen, der Ähnliches wie du erlebt. Teile mit dieser Person, wie Gott dir geholfen hat.

Im Gottesdienst gibt es oft Raum für Zeugnis. Wenn nicht, dann bitte deinen Pastor um ein paar Minuten, um von dem zu erzählen, was Gott getan hat – zur Erbauung der Gemeinde.

Teile mit deinem Ehepartner oder Freunden, wenn du mit Gott etwas erlebst. Das können kleine Begebenheiten sein: zum Beispiel, dass du gerade zur richtigen Zeit einen Parkplatz gefunden hast. Oder es sind auch größere, tief greifende Erfahrungen. Du eröffnest damit immer einen Raum für andere, mehr von Gott zu erwarten.

Wenn du Kinder oder Enkelkinder hast, dann rede mit ihnen oft darüber, was du mit Gott erlebst! Lass sie mit einem Verständnis aufwachsen, dass Gott aktiv in unser Leben involviert sein möchte.

Führe ein Tagebuch, in dem du festhältst, wie Gott dir begegnet, was du lernst und wie er dich verändert. Vieles vergessen wir im Lauf der Zeit oder nehmen gar nicht wahr, dass wir Prozesse durchlaufen haben!

DIY-IDEE

Salböl mischen

Biblisches Salböl war eine Kombination aus ätherischen Ölen und fettem Öl, meistens Olivenöl. Das Öl, das Maria von Magdala Jesus über die Füße goss, war mit wertvollen ätherischen Ölen angereichert. Du kannst dir ein eigenes Salböl mischen, das du dir beim Gebet selbst aufträgst oder mit dem du andere salbst und Gottes Segen aussprichst.

SO GEHT'S!

Verwende ein ganz normales Olivenöl aus der Küche und fülle es in eine kleine Glasflasche oder in einen Roll-on.

Wenn du magst, kannst du noch ätherische Öle hinzufügen – ich erlebe den Duft beim Salben immer als sehr heilsam und einprägsam. Dafür eignen sich milde Öle, wie Weihrauch oder Lavendel. Aber auch anderen biblische Öle, wie die Rose von Sharon (Zistus), Myrte, Myrrhe, Zypresse oder Zedernholz.

Tu dir Gutes

Tu dir Gutes

Oder wisst ihr nicht, dass euer Leib ein Tempel des Heiligen Geistes ist, der in euch ist und den ihr von Gott habt, und dass ihr nicht euch selbst gehört? Denn ihr seid teuer erkauft; darum preist Gott mit eurem Leibe.

1. KORINTHER 16,19-20

✣ ✣ ✣

Fällt es dir schwer, gut für dich selbst zu sorgen? Deinen Körper wahrzunehmen und ihm Gutes zu tun? Sensibel auf deine Bedürfnisse zu achten und ihnen nachzugehen? Mir selbst fällt das immer wieder schwer. Ja, es fühlt sich sogar manchmal *unheilig* an, sich um die eigenen Bedürfnisse zu kümmern. Als wäre da eine unausgesprochene Regel, dass man als Christ nicht allzu sehr mit sich selbst beschäftigt sein darf.

Und in gewisser Weise stimmt das ja auch: Wir wollen uns nicht nur um uns selbst drehen und egoistisch nur uns und unsere Belange erkennen, sondern anderen dienen.

Aber ich stelle mir oft die Frage: Wie kann ich anderen dienen, wenn ich mir selbst nicht dienen kann? Wie kann ich anderen Gutes tun, wenn ich mir selbst nichts Gute tue? Wie kann ich andere lieben, wenn ich mich selbst nicht liebe? Nächstenliebe fängt bei uns selbst an. Wir dürfen uns, unseren Körper, unsere Bedürfnisse, unsere Sehnsüchte annehmen, weil Gott uns angenommen hat. Und eine Weise, wie wir diese Annahme ausdrücken können, ist, gut für unseren Körper zu sorgen.

Unser Körper ist eine vergängliche Hülle, die sich im Laufe unseres Lebens verändert. Straffe Haut wird weich und schlaff, Falten entstehen, Geburtsstreifen, Narben, Fettpölsterchen. Unser Körper erzählt unsere Lebensgeschichte und wie gut wir auf uns selber achtgegeben haben.

Unser Körper kann sogar unseren geistlichen Seelenzustand ausdrücken! „Dein Auge ist das Fenster deines Körpers. Ein klares Auge lässt das Licht bis in deine Seele dringen" (Matthäus 6,22). Ich finde, man kann an den Augen eines Menschen sofort erkennen, ob er mit sich selbst im Reinen ist.

Bitterkeit lässt sich oft am Mund ablesen, wenn die Lippen für lange Zeit hart aufeinandergepresst wurden, und wenn ein Mensch psychische Lasten trägt, dann fallen die Schultern oft nach vorne. Gott hat uns einen Körper, eine Seele und einen Geist gegeben und wir haben den Auftrag, gut auf diese drei Teile achtzugeben, dass wir Gott auch durch unseren Körper verherrlichen können.

Wenn die Bibel unseren Körper mit einem Tempel vergleicht – was löst das in dir aus? Welche Assoziationen hast du, wenn du an einen Tempel denkst? Ich denke an Goldstuck, helle, große Fließen, saubere Böden, luftige Fenster, wehende Gardinen. Ich rieche gute Düfte, höre leises Gemurmel, sehe lächelnde und bedächtige Gesichter. Ein Tempel ist ein Ort, wo Menschen Gott begegnen.

Ich möchte, dass mein Körper, mein Auftreten, mein Da-Sein ein Begegnungsort wird, wo Menschen Gott sehen und wahrnehmen können. Da dürfen wir mit allen Sinnen arbeiten! Wir können uns bewusst gutes Parfüm auftragen und *ein Wohlgeruch* im wahrsten Sinne des Wortes sein. Wir können uns eine pflegende Bodylotion auftragen und beim Eincremen Gott danken für unsere Beine, unsere Arme, unseren Bauch.

Wenn wir unseren Körper als Tempel erkennen und ihn als solchen pflegen, wertschätzen und präsentieren, dann werden wir zu einem Ort der Ruhe in einer hektischen Welt.

Für dein Herz

In einem Tempel begegnen Menschen Gott. In meinem Körper als Tempel begegne ich Gott.

Entspannungsübung

Starte mit der Atemübung.

Setze dich aufrecht hin und achte darauf, wie dein Atem fließt. Wenn du innerlich ruhig geworden bist, dann lege deine Hände geöffnet auf deine Beine oder neben deinen Körper – als Zeichen dafür, dass du loslässt und bereit bist zu empfangen.

Achte dich selbst, wenn du willst, dass andere dich achten sollen.

ADOLPH FREIHERR KNIGGE

Lege nun deine Hände auf deine Brust. Nimm wahr, wie sich dein Brustkorb mit jedem Atemzug hebt und senkt. Verweile hier und spüre, wie dein Atem langsam ruhiger und gleichmäßiger wird.

Sprich in Gedanken beim Einatmen:

Ich gebe meinen Körper …

Sprich in Gedanken beim Ausatmen:

… als ein lebendiges Opfer hin.

Meditation

Mein geliebtes Kind,

ich habe dich im Leib deiner Mutter zusammengewoben. Wo du noch verborgen warst, habe ich dich gesehen und jede Zelle, jede Faser deines Körpers kunstvoll zusammengefügt. Ja, du bist mein Meisterwerk, die Krönung der ganzen Schöpfung! Wenn ich dich ansehe, sage ich: Du bist sehr gut. Du bist wunderschön.

Vielleicht kannst du deine Schönheit nicht immer erkennen. Vielleicht hat das Gift des Vergleichens dir die Freude an deinem Körper geraubt. Vielleicht trägt dein Körper Spuren von Lebenserfahrungen, die dich negativ geprägt haben. Lass mich dir helfen, dich neu anzunehmen und lieben zu lernen. Ich liebe dich und deshalb darfst du dich auch lieben und mit dir selbst ins Reine kommen.

Erlaube mir deinen geistlichen Menschen aufzubauen und zu heilen. Je mehr ich in dir Raum nehmen darf, desto mehr wird sich das auf deinen Körper auswirken. Je mehr ich meinen Tempel in dir bauen kann, desto mehr wirst du in dir ruhen können und ein Ruheort für andere werden.

Ich sorge mich um deine Bedürfnisse! Essen, Trinken und Kleidung – all das habe ich im Blick. Ich sehe deine Tränen und sammle sie. Ich kümmere mich um deinen Herzschmerz, um deine Sehnsüchte und Träume. Ich wollte, dass du lebst. Vor Anbeginn der Zeit habe ich dich schon gekannt. Du bist kein Zufall, sondern genau zur richtigen Zeit am richtigen Ort.

Du darfst dich fallen lassen in meine Arme. Du darfst bei mir ausruhen und dich selbst neu entdecken und lernen, gut für dich zu sorgen. Selbst ich habe mir einen Tag Ruhe gegönnt, obwohl mir nie die Kraft ausgeht. Es ist mir wichtig, dass du lernst in die Ruhe hineinzukommen und von dort dein Leben lebst.

Erlaube dir einen neuen Blick auf dich selbst und erinnere dich neu daran, dass ich, dein Schöpfer, dich liebe.

Du bist schön, ganz wunderschön, meine Freundin, und kein Makel ist an dir.

Lies die Zusprüche deines Vaters nach!
Psalm 8,7 / Epheser 2,10 / Psalm 56,9 / Epheser 1,4-5 / Hebräer 4,11 / Hohelied 4,7

Reflektiere

Achtest du darauf, deinen Körper gut zu pflegen? Wie?

Fällt es dir leicht, dir etwas zu gönnen? Wenn ja, was?

Was denkst du, warum fällt es christlichen Frauen manchmal schwer, Zeit und Liebe in sich selbst zu investieren?

Von welchen Lebenserfahrungen erzählt dein Körper?

Das hat Gott zu mir gesprochen:

Werde praktisch

Gut für unseren Körper zu sorgen ist genauso wichtig, wie geistliche und mentale Hygiene zu betreiben. Wir sind mit diesem Dreiklang aus Körper, Seele und Geist geschaffen, und sobald ein Element aus dem Gleichgewicht gerät, spüren wir das auf allen Ebenen. Ich möchte dir Mut machen, ganz bewusst deinem Körper regelmäßig Gutes zu tun:

Investiere in ein hochwertiges, am besten ein natürliches Parfüm. Duftstoffe aus dem Labor sind für unsere Hormone keine gute Unterstützung.

Lerne dich kennen! Was braucht deine Haut? Ist sie trocken oder eher fettig? Welches Shampoo bringt deine Haare besonders zum Glänzen?

Finde heraus, wie du deinen Körper bestmöglich unterstützen kannst. Lass von deinem Hausarzt ein großes Blutbild machen und nimm evtl. Mineralien und Vitamine ein, um Defizite auszugleichen.

Achte auf ausgewogene, frische Ernährung. Iss viel Gemüse und trinke ausreichend Wasser.

Gönne dir ein paar neue Ohrringe oder eine Kette. Oder vielleicht ein neues Kleidungsstück! Schmücke dich und feiere deine Schönheit.

DIY-IDEE

Haaröl

Stell dir ganz einfach ein besonderes Haaröl her, das deinen Haaren Glanz und Feuchtigkeit verleiht!

ZUTATEN

¼ l Sesamöl
1 Beutel Jasmintee
Nach Wunsch 5-10 Tropfen ätherisches Jasminöl

SO GEHT'S!

Gib den Teebeutel in ein leeres Marmeladenglas und gieße das Sesamöl darüber. Verschließe das Glas und stelle es an einen dunklen Ort (z. B. in den Küchenschrank). Nach vier Tagen kannst du den Beutel entfernen und, wenn du magst, noch das ätherische Jasminöl hinzufügen.

Ich trage mein Haaröl gerne auf das trockene Haar auf. Du brauchst nur ein paar Tropfen, die du in deinen Händen verreibst und dann gleichmäßig in die Haarspitzen einmassierst.

Tanze

Tanze

Die jungen Frauen werden wieder Reigen tanzen und die Männer – alte wie junge – werden mitfeiern. Ich will ihre Trauer in Freude verwandeln und will sie trösten. Ihren Kummer will ich wegnehmen und ihnen stattdessen Freude schenken.

JEREMIA 31,13

Wenn wir mehr und mehr in Einklang mit unserem Körper kommen, dann wird unsere Liebe zu Jesus auch körperlichen Ausdruck finden. Gerade in der Anbetung darf sich durch unsere Körperhaltung zeigen, wie wir Jesus lieben. Das ist durch und durch biblisch und hilft uns dabei, unsere Hingabe auszudrücken.

Wir können unsere Hände öffnen, erheben – und tanzen. Gerade das Tanzen liegt mir auf dem Herzen für dieses Kapitel, denn Tanzen ist etwas, das wir oft verlernt haben. Kinder haben kein Problem mit Tanzen. Sie wackeln hin und her, sobald sie Musik hören.

Tanzen ist mit einer herrlichen Leichtigkeit verbunden und bringt Lebensfreude zum Ausdruck. Je älter wir werden und je mehr wir unseren Körper wahrnehmen und vielleicht auch als Begrenzung empfinden oder uns sogar für ihn schämen, desto schwerer fällt uns das Tanzen.

Ich glaube, wir dürfen wieder Tanzen lernen! Das muss überhaupt nicht perfekt aussehen oder graziös sein. Es soll uns einfach helfen unseren Emotionen Ausdruck zu verleihen und bei uns selbst anzukommen. Tanzen kann helfen unseren Körper zu spüren, unserem geistlichen Menschen äußerlichen Ausdruck zu verleihen und in die Anbetung hineinzukommen.

Das Tanzen vor Gott wird in der Bibel immer wieder erwähnt, aber besonders bezeichnend finde ich die Geschichte von David: Als die Bundeslade, also der Ort, wo Gott wohnte, nach Jerusalem gebracht wurde, tanzte David vor Freude. „Und David tanzte begeistert vor dem Herrn und trug dabei nur einen leinenen Priesterschurz" (2. Samuel 6,14). David – der König von Israel – tanzte wild und halb nackt zur Ehre Gottes.

Tanzen kann eine mächtige geistliche Waffe sein, um Menschenfurcht zu zertrümmern. Die Bibel erzählt uns von Michal, der Tochter Sauls, die David beim Tanzen beobachtete und ihn dafür verachtete und es ihm dann auch deutlich sagte.

Davids Reaktion auf Michals Spott: „‚Ich habe vor dem Herrn getanzt, der mich vor deinem Vater und seinen Nachkommen erwählt hat. Der Herr hat mich zum Anführer seines Volkes Israel gemacht. Ja, vor ihm will ich auch künftig tanzen. Und ich bin sogar bereit, mich noch tiefer zu erniedrigen als diesmal und demütig von mir zu denken; aber bei den Mägden, von denen du gesprochen hast, werde ich an Ansehen gewinnen.' Michal aber, die Tochter Sauls, blieb ihr Leben lang kinderlos" (2. Samuel 6,21-23).

Im Tanzen vor Gott geht es nicht um unser Ansehen. Wir geben unseren Körper wie ein Opfer hin, um Gott Ehre zu geben. David hat das erkannt und es lag ein großer Segen auf seiner Bereitschaft, sich für Gott zu erniedrigen. Probiere es einmal aus: Suche dir ein Lobpreislied und fange an dich zu bewegen. Ich weiß, dass es sich komisch anfühlt. Aber im Tanzen kannst du geistliche Durchbrüche erringen und Segen freisetzen. Erlaube deinem Körper und deinem Geist in diese neue Dimension von Anbetung hineinzukommen – egal, wie es aussieht!

Für dein Herz

Im Tanzen geben wir unseren Körper wie ein Opfer hin, um Gott Ehre zu geben.

Entspannungsübung

Starte mit der Atemübung.

Setze dich aufrecht hin und achte darauf, wie dein Atem fließt. Wenn du innerlich ruhig geworden bist, dann lege deine Hände geöffnet auf deine Beine oder neben deinen Körper – als Zeichen dafür, dass du loslässt und bereit bist zu empfangen.

Lege nun deine Hände auf deine Brust. Nimm wahr, wie sich dein Brustkorb mit jedem Atemzug hebt und senkt. Verweile hier und spüre, wie dein Atem langsam ruhiger und gleichmäßiger wird.

Sprich in Gedanken beim Einatmen:

Ich empfange heute …

Sprich in Gedanken beim Ausatmen:

… deine Freude und deinen Frieden.

Meditation

Mein geliebtes Kind!

Immer wieder ist Tanz in der Bibel ein Ausdruck von Anbetung und Dankbarkeit. Dich vor mir zu bewegen, deinen Körper einzusetzen, um mich zu ehren, das berührt mein Herz. Deine Gefühle für mich, deine Dankbarkeit mir gegenüber verbinden sich mit deinem Körper und finden einen Ausdruck – das ist wunderschön und ein heiliger Moment.

> ***Mensch, lerne tanzen, sonst wissen die Engel nichts mit dir anzufangen.***
>
> AUGUSTINUS

Als mein Volk Israel trockenen Fußes durch das Rote Meer gekommen ist und ich sie vor den Ägyptern gerettet habe, stimmte Mirjam ein Loblied an und tanzte, und alle Frauen Israels tanzten mit ihr mit.

David war so glücklich, dass die Bundeslade nach Jerusalem kam, und tanzte auf der Straße, ohne sich um die Blicke anderer zu kümmern. Seine Hingabe an mich und seine Liebe zu mir waren so groß.

Ich verspreche in meinem Wort, dass ich das, was zertrümmert daliegt, wieder aufbaue, und die Reaktion auf meine Heilung ist Jubel und Tanz.

In den Psalmen wird dazu aufgefordert, mich mit Tanz anzubeten!

Wenn du deinen Körper einsetzt, um mich anzubeten, dann soll das immer aus einer inneren Überzeugung heraus geschehen. Niemals werde ich dich unter Druck setzen, in der Anbetung bestimmte Dinge zu tun. Es soll aus deinem Herzen fließen und von meinem Geist initiiert sein. Lerne auf diese Impulse zu hören und darauf einzugehen.

Lass dich von Menschenfurcht nicht zurückhalten. Genieße einfach meine Gegenwart und übe dich darin, deine Liebe zu mir auszudrücken.

Ich suche nach Anbetern, die mich im Geist und in der Wahrheit anbeten. Die sich nicht mit wenig zufriedengeben, sondern immer mehr von meiner Gegenwart haben möchten.

Und ich will mich bereitwillig dir schenken. Ich will dir in dieser Suche nach mehr von mir begegnen. Und ich ehre deine Versuche, deine Gefühle für mich auszudrücken! Du bist für mich ein Wohlgeruch und ich genieße es, Zeit mit dir zu verbringen.

Lies die Zusprüche deines Vaters nach!
Jeremia 31,4 / Psalm 149,3 / Johannes 4,23 / 2. Korinther 2,15

Reflektiere

Hast du schon einmal vor dem Herrn getanzt und wie hast du dich dabei gefühlt?

Wenn dich das Tanzen erst mal überfordert – wie könntest du sonst noch mit deinem Körper der Anbetung Ausdruck verleihen?

Was hält dich davon ab, Gott mit Tanzen anzubeten?

Das hat Gott zu mir gesprochen:

Werde praktisch

Auch wenn Tanzen nicht dein Ding ist, will ich dich ermutigen, es einfach mal auszuprobieren. Tanzen kann durchaus therapeutische Wirkung haben, weil wir unsere Emotionen besser spüren und unser Inneres nach außen transportieren. Ich glaube, dass Gott uns im Tanz auf besondere Art und Weise begegnen kann.

Starte im Kleinen zu Hause.

Bleib erst mal sitzen und bewege zu einem Lobpreislied nur die Arme oder wiege dich im Takt hin und her. Achte darauf, was das bei dir auslöst.

Tanzen kann eine geistliche Waffe sein. Du kannst Freude freisetzen, den Sieg über Satan feiern, bildlich gesehen auf Flüche treten und Dunkelheit vertreiben.

Im christlichen Kontext gibt es auch das Tanzen mit Flaggen. Auf YouTube findest du viele Videos dazu. Vielleicht hast du zu Hause ein Stück Stoff, das du als Flagge verwenden kannst.

Wenn du Kinder hast, dann tanze mit ihnen gemeinsam und lerne von ihnen! Beobachte, wie sie intuitiv ihre Körper zur Musik bewegen und mit Lebensfreude erfüllt sind.

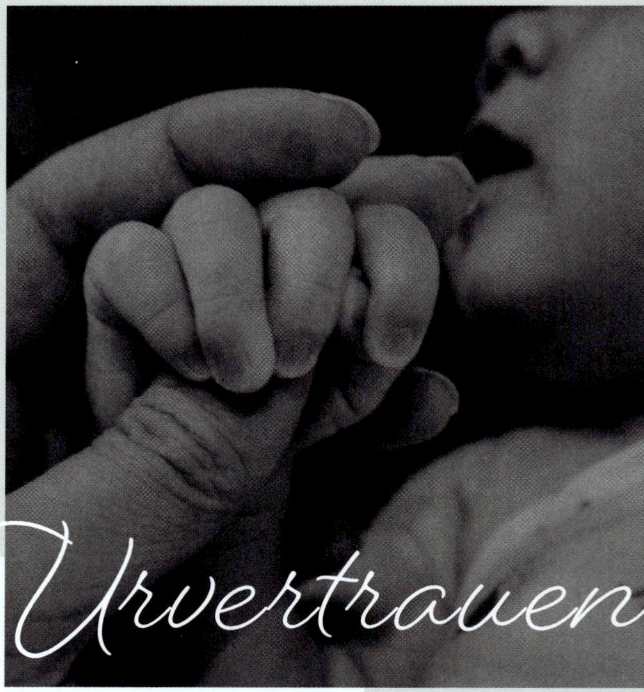

Urvertrauen

Urvertrauen

Wen habe ich im Himmel außer dir? Du bist mir wichtiger als alles andere auf der Erde.

PSALM 73,25

Du darfst eine neue Perspektive auf dein Leben finden. Es geht nicht darum, dass Gott dir alle Wünsche erfüllt oder dass alles glattläuft. Das Geheimnis der Nachfolge ist vielmehr darin zu finden, dass wir alles, was wir suchen und wonach wir uns sehnen, in Jesus finden! *Er* ist alles, was wir brauchen. Er ist die Antwort auf unsere Fragen. Er ist die Heilung für unseren Schmerz. Wir brauchen eine Person – Jesus.

Ich tendiere dazu, das Leben genau andersherum anzugehen. Ich habe eine ganz genaue Vorstellung davon, was *ich* brauche und haben möchte, und ich betrachte meine Bedürfnisse aus meiner menschlichen Perspektive heraus. Ich glaube, wenn ich nur das und das hätte oder wenn mein Umstand ein anderer wäre, dann würde es mir gut gehen.

Gott aber lädt uns ein, unsere menschliche Perspektive zu verlassen und unser Leben von einem himmlischen Blickwinkel aus zu betrachten. Zu erkennen, was uns schon alles gehört, weil wir Kinder Gottes sind. Welche Identität wir haben und mit welcher geistlichen Autorität wir ausgestattet sind. Gemessen an dieser Fülle werden viele unserer Bedürfnisse nichtig und klein. Viele Fragen brauchen keine konkreten Antworten mehr und wir lernen, im Vertrauen voranzugehen, auch wenn wir nicht alles verstehen können. Wir wissen aber, wer wir sind und zu wem wir gehören – und mehr Informationen benötigen wir nicht.

Damit wir überhaupt zu diesem Punkt kommen können und mit dem Psalmist sagen können: „Ich brauche nichts auf dieser Erde, ich brauche nur dich!", muss ein tiefes Vertrauen in uns wachsen. Wie könnten wir uns einem Gott anvertrauen, den wir nicht sehen, den wir oft nicht hören und der von uns dann lebensverändernde Entscheidungen verlangt? Nur wenn eine innige Vertrauensbeziehung besteht, kann

Nachfolge überhaupt erfolgreich sein. Andernfalls sind wir immer auf der Hut und leben nicht aus dem Glauben, sondern aus unserem Verstand. Ohne Glauben können wir Gott nicht gefallen – Glaube ist praktisch die Währung im Reich Gottes. Und ohne Vertrauen kann Glaube nicht wachsen.

Gott hat sich uns durch sein Wort und durch Jesus offenbart. Jesus hat sichtbar und greifbar gemacht, wer Gott, der Vater, ist. Das heißt, unser Vertrauen in Gott wächst, wenn wir uns mit Jesus beschäftigen und Gottes Wort lesen.

Gott will uns auch ganz persönlich begegnen. Heute, im Hier und Jetzt. Gott ist an dir und an deinem Leben interessiert. Kein Detail entgeht ihm. Er wirbt um dein Vertrauen! Er weiß auch um deine Verletzungen und Enttäuschungen, wo dein Vertrauen missbraucht wurde. Er weiß, wo dein Herz Heilung braucht, sodass du wieder vertrauen kannst. Gemeinsam mit dir will er diese innige Vertrauensbeziehung bauen, damit du ihm mutig und ohne mit der Wimper zu zucken, nachfolgen kannst.

Nur so macht Nachfolge Sinn: Wir bauen unser Leben auf dem Vertrauen, das wir in unseren Gott setzen. Auch wenn wir es rein logisch nicht immer nachvollziehen können, auch wenn wir es nicht verstehen. Wir können das tun, weil Gott sich uns gegenüber, im Leben anderer und in der Geschichte als vertrauenswürdig erwiesen hat. Und weil wir vertrauen, können wir auch groß glauben! Weil Gott unser Vertrauen niemals missbraucht oder ausnutzt. Er ist treu und er steht zu dir.

Für dein Herz

Gott wirbt um dein Vertrauen.

Entspannungsübung

Starte mit der Atemübung.

Setze dich aufrecht hin und achte darauf, wie dein Atem fließt. Wenn du innerlich ruhig geworden bist, dann lege deine Hände geöffnet auf deine Beine oder neben deinen Körper – als Zeichen dafür, dass du loslässt und bereit bist zu empfangen.

Lege nun deine Hände auf deine Brust. Nimm wahr, wie sich dein Brustkorb mit jedem Atemzug hebt und senkt. Verweile hier und spüre, wie dein Atem langsam ruhiger und gleichmäßiger wird.

Sprich in Gedanken beim Einatmen:

Ich vertraue dir …

Sprich in Gedanken beim Ausatmen:

… du meinst es gut mit mir.

Der Grund, warum das Gute stets herrlich ist, wenn Unschuld ihm innewohnt, liegt darin, dass ja alles Gute vom Herrn kommt und die kindliche Unschuld gerade bedeutet, vom Herrn geführt werden zu wollen.

EMANUEL SWEDENBORG

Meditation

Mein geliebtes Kind,

wenn ich dich auf das Wasser rufe, wirst du kommen? Wenn ich zu dir sage, dass du diesen Berg ins Meer stürzen kannst, glaubst du mir das? Wenn ich dir sage, dass mir nichts unmöglich ist, kannst du das annehmen? Vertraust du mir?

Wenn ein Vater sein Kind dazu auffordert, von einer Mauer in seine Arme zu springen, dann springt das Kind, ohne zu zögern. Weil es nichts anderes von seinem Vater erwartet, als dass es sicher aufgefangen wird. Das Kind lacht und jauchzt sogar, weil es Spaß hat an dieser Mutprobe! Ich wünsche mir, dass du und ich so gemeinsam durch dein Leben gehen können. Dass du, ohne zu zögern, in meine Arme springst und dich von mir auffangen lässt. Dass du den Nervenkitzel sogar genießt, weil er dich lebendig macht.

Ich will das Urvertrauen in dir wiederherstellen und stärken. Ich will, dass du dich bei mir sicher fühlst, wie in einer befestigten Burg. Ich möchte, dass du erfährst, wie ich dich in strömenden Fluten nicht ertrinken lasse und wie dich kein Feuer verbrennen kann. Bei mir wirst du lernen, dass meine Güte jeden Tag neu ist und mein Erbarmen kein Ende kennt. Ich will, dass du mich als liebenden Vater erfährst, von dem alle guten Dinge kommen und der sich niemals ändert.

Ich bin wie ein Fels, ein festes Fundament – wenn du auf mir baust, wirst du nicht ins Wanken kommen. Wenn du dein Vertrauen auf mich setzt, wirst du niemals enttäuscht werden. Keiner soll vor Scham erröten, der sein Vertrauen auf mich setzt.

Erlaube mir, dir neu zu zeigen, wie verlässlich ich bin. Schenke mir Raum in deinem Leben, wo ich dir zeigen kann, wie groß und unerschütterlich meine Liebe zu dir ist. Öffne dich für neue Abenteuer mit mir.

Egal, wo du hingehst, ich bin bei dir. Ich halte dich und umgebe dich von allen Seiten. Dein Vertrauen ist gut bei mir aufgehoben.

Lies die Zusprüche deines Vaters nach!
Psalm 31,4 / Jesaja 43,2 / Klagelieder 3,22 / Matthäus 7,24 / Psalm 34,6

Reflektiere

In welchem Bereich deines Lebens gibst du die Kontrolle nicht an Gott ab?

Wie kann dein Vertrauen in Gott weiterwachsen?

Wo hat sich Gott dir gegenüber schon als vertrauenswürdig erwiesen?

Das hat Gott zu mir gesprochen:

Werde praktisch

Vertrauen wächst nicht über Nacht. Es gibt ein Urvertrauen, aber das wird im Laufe der Jahre oft beschädigt und angegriffen. Auch unser Urvertrauen zu Gott. Wenn wir unseren Weg mit Gott beginnen, scheint nichts unsere Begeisterung für Gott zu trüben. Aber uns werden früher oder später Enttäuschungen, scheinbar nicht gehörte Gebete, Verletzungen durch andere Christen und andere Hürden begegnen, und dann bröckelt oft unser Urvertrauen Gott gegenüber.

Wie können wir also unser Vertrauen bewahren und weiterwachsen und -wachsen lassen?

Schreibe auf, wenn Gott dein Vertrauen belohnt hat und sich dir gegenüber als vertrauenswürdig erwiesen hat. Erinnere dich regelmäßig daran!

Lobe den Herrn, meine Seele, und vergiss all das Gute nicht, das er für dich tut. – Psalm 103,2

Sei bereit, dich vom Heiligen Geist in Situationen führen zu lassen, wo nur dein Vertrauen in Gott dich trägt.

Reflektiere immer wieder, wo du in bestimmten Situationen die Kontrolle behalten möchtest und sie nicht an Gott abgibst.

Umgib dich mit Menschen, die ein großes unerschütterliches Vertrauen in Gott haben – diese Art von Glauben färbt ab!

DIY-IDEE

Lavendel-Säckchen oder Zirbenholz-Säckchen

Düfte können tiefe Gefühle von Geborgenheit in uns auslösen. Vor allem Gerüche aus unserer Kindheit, die wir mit schönen Ereignissen verbinden, können uns dabei helfen, ruhig zu werden, besser einzuschlafen und ausgeglichener den Alltag zu bewältigen.

ZUTATEN

- Getrockneter Lavendel oder Zirbenholzspäne
- 2-3 kleine Säckchen aus Stoff

SO GEHT'S!

Lavendel und Zirbenholz wirkten ausgleichend, schlaffördernd und entspannend. Lavendel kannst du im Garten anpflanzen und im Spätsommer ernten und trocknen oder – genau wie Zirbenholzspäne – online bestellen.

Nähe dir kleine Säckchen (oder kaufe sie fertig) und befülle sie mit Lavendel oder Zirbenholz.

Lege die Säckchen auf dein Kissen und hab immer eines in der Handtasche. Bei innerer Unruhe und Anspannung kannst du das Aroma einatmen.

Die kleinen Säckchen sind auch ein schönes Geschenk für andere.

Lebe mit allen Sinnen

Lebe mit allen Sinnen

Du wirst mir den Weg zum Leben zeigen und mir die Freude deiner Gegenwart schenken. Aus deiner Hand kommt mir ewiges Glück.

PSALM 16,11

Gehst du mit wachen Sinnen durchs Leben? Oder hältst du wie mit Scheuklappen deinen Blick gesenkt? Vielleicht fühlst du dich überladen, belastet, überfordert. Reizüberflutet. Es ist so viel um dich herum los, dass du deinen eigenen Atem nicht mehr wahrnehmen kannst. Ich hoffe, dass die Andachten und die Meditationen in diesem Buch dir schon dabei geholfen haben, ein paar Schritte langsamer zu gehen und achtsamer zu leben. Ich hoffe, du nimmst deinen Atem wahr und spürst, wenn du mal eine Pause brauchst.

Gott hat uns dieses Leben geschenkt, damit wir es genießen. Es soll nicht alles nur aus To-do-Listen und vollen Terminkalendern bestehen. Gott lädt uns ein, dass wir innehalten, durchatmen, wahrnehmen, genießen und feiern. Dass wir uns Zeit nehmen, einen guten Wein auf der Zunge zergehen lassen, einen Sonnenuntergang beobachten, kleine Käfer auf Grashalmen entdecken und einen Wiesenblumenstrauß pflücken.

Als ich noch meinen Blog *Alltagsliebe* geschrieben habe, hatte ich eine Kategorie, die ich *Wunder am Wegesrand* genannt habe. Diese kleinen Dinge, die wir im Alltag fast immer übersehen, diese herrlichen Augenblicke, die unser Leben reich und schön machen. Sonne fällt durchs Fenster, eine gemütliche Decke, ein guter Schluck Tee, frisch gebackenes Brot, eine kleine Kinderhand in unserer Hand, eine Umarmung. Nur wenn wir achtsam leben, können wir diese Wunder am Wegesrand wahrnehmen und sie feiern.

Wie tragisch ist es, wenn wir im Namen der Nachfolge und eigentlich mit allen guten Vorsätzen, Gott dienen zu wollen, dieses Leben an uns vorüberziehen lassen! Wenn wir so damit beschäftigt sind, Dinge zu erledigen, Ehrenämter zu übernehmen, präsent zu sein – und uns dabei selbst außer Acht lassen und uns Stück für Stück aus dem Blick verlieren.

Ich wünsche mir so sehr, dass wir Christen dafür bekannt sind, dass wir wissen, wie man das Leben mit allen Sinnen genießt. Die Schönes finden und feiern, die die Natur wahrnehmen und wertschätzen, die Beziehungen leben und pflegen. Gott hat uns mit dieser Welt und unserem Leben so ein unfassbares Geschenk gemacht. Wir dürfen jeden Tag neu in seiner Gnade entdecken. Jeder Moment hat Wunder in sich verborgen. Jeder einzelne Atemzug ist ein Fest.

Der ist kein freier Mensch, der sich nicht auch einmal dem Nichtstun hingeben kann.

CICERO

Warum nicht mal die Augen schließen, wenn wir den Schluck Morgenkaffee im Mund haben, warum nicht mal einen Abend einfach auf der Couch liegen, eine Kerze anzünden und Musik hören? Warum nicht mal im Gottesdienst einfach nur empfangen dürfen, warum nicht mal für ein paar Tage abtauchen? Warum nicht mal wieder ein gutes Buch lesen oder einen Bibelvers auswendig lernen und dabei die vielschichtigen Facetten des Wortes Gottes entdecken?

Ich will mein Leben mit allen Sinnen spüren. Ich will wahrnehmen, dass ich lebendig bin. Ich will mit meinen Emotionen verbunden sein und Freude und Trauer ausleben. Ich will meine Tränen schmecken und ganz bewusst weinen. Ich will im Hier und Jetzt anzufinden sein, genau an dem Ort, an dem Gott auch zu finden ist.

Für dein Herz

Jeder einzelne Atemzug ist ein Fest.

Entspannungsübung

Starte mit der Atemübung.

Setze dich aufrecht hin und achte darauf, wie dein Atem fließt. Wenn du innerlich ruhig geworden bist, dann lege deine Hände geöffnet auf deine Beine oder neben deinen Körper – als Zeichen dafür, dass du loslässt und bereit bist zu empfangen.

Lege nun deine Hände auf deine Brust. Nimm wahr, wie sich dein Brustkorb mit jedem Atemzug hebt und senkt. Verweile hier und spüre, wie dein Atem langsam ruhiger und gleichmäßiger wird.

Sprich in Gedanken beim Einatmen:

Ich komme an ...

Sprich in Gedanken beim Ausatmen:

... im Hier und Jetzt.

Meditation

Mein geliebtes Kind,

spürst du, wie meine Gegenwart dich umgibt wie eine warme, weiche Decke? Spürst du, wie meine Liebe dich ausfüllt? Hörst du meine Stimme? Nimmst du den Duft des Himmels wahr?

Schmecke und sehe, wie gut ich bin. Ich will dir so begegnen, dass du mich mit allen Sinnen wahrnehmen kannst. Mach dich deswegen ganz leer vor mir. Lerne einen Raum zu kultivieren, wo deine Sinne ganz auf mich gerichtet sind. Leg doch mal dein Smartphone weg. Schalte den Lärm der Welt einfach mal aus und spüre mir nach.

Wenn du mich suchst, werde ich mich von dir finden lassen. Ich spiele kein Versteckspiel. Ich offenbare mich dir in den Wundern am Wegrand – der Natur, meiner Schöpfung. Du kannst mich finden im Wind und im Regen. In dem Vogelgezwitscher und in der tiefen Stille nach dem ersten Schneefall. Ich bin immer da – spürst du mich?

Wenn du mich anbetest, dann mache ich mich oft bemerkbar. Mit einer heiligen Atmosphäre, die du manchmal auch körperlich spürst. Manchmal durch Tränen, die du weinst, wenn sich in dir ein Knoten löst. Oder durch Lachen, wenn ich mit meiner himmlischen Freude komme. Spürst du mich?

Ich bin um dich, umgebe dich von allen Seiten. Meine Liebe treibt jede Furcht aus. Wenn ich komme mit meinem Geist, dann ist da Freiheit. Spürst du mich?

Gehe mir nach. Fokussiere dich mit deinen Sinnen auf meine Gegenwart. Spüre mich.

Lies die Zusprüche deines Vaters nach!
Psalm 34,9 / 2. Chronik 15,2 / Römer 1,20 / 1. Johannes 4,18 / 2. Korinther 3,17

Reflektiere

Hast du Gott schon einmal körperlich gespürt? Wenn ja, wie?

Mit welchem Sinn nimmst du Gott besonders leicht wahr?

Welche Wunder am Wegrand sind dir in den letzten Tagen begegnet?

Das hat Gott zu mir gesprochen:

Werde praktisch

Wir können unsere Sinne trainieren, um Gott mehr und mehr wahrzunehmen. Selbst wenn wir uns zum jetzigen Zeitpunkt schwer dabei tun sollten, Gott zu spüren, können wir das lernen und einüben.

Plane jeden Tag ein paar Minuten ein, um einfach nur still dazusitzen, die Augen zu schließen und dich auf Gott zu konzentrieren. Das kannst du gut im Anschluss an eine Meditation tun oder auch einfach nach einer Mahlzeit. Reflektiere, was du wahrnimmst.

Übe deinen Blick, um wieder das Kleine und Unscheinbare in deinem Alltag wahrzunehmen. Nimm dir vor, jeden Tag fünf Wunder am Wegrand zu entdecken.

Stelle dein Smartphone auf Flugmodus, wenn du es nicht verwendest. Das hilft dir, mehr präsent zu sein. Plane auch immer wieder Social-Media-Pausen ein, einen Tag oder auch mehrere am Stück.

Arbeite bewusst mit deinen Händen. Backe, male, bastle ... Werde kreativ und genieße den Prozess mit allen Sinnen.

Verbringe so viel Zeit wie möglich in der Natur. Atme tief die klare Luft ein und erlaube dir, deine Seele baumeln zu lassen.

Gönn dir Leckereien! Ein Stück dunkle Schokolade, ein gutes Glas Wein, einen frischen Cappuccino. Trinke oder iss langsam und nimm wahr, was du schmeckst.

DIY-IDEE

Bruchschokolade mit Pfefferminzgeschmack

ZUTATEN

1-2 Tafeln Schokolade mit hohem Kakaoanteil
3-4 Tropfen ätherisches Pfefferminzöl
Nach Geschmack Kokosflocken, Nüsse, Rosinen ...

SO GEHT'S!

Schmelze die Schokolade im Wasserbad und rühre das ätherische Pfefferminzöl unter.

Gib die Masse nun auf ein mit Backpapier ausgelegtes Backblech und bestreue sie mit Zutaten deiner Wahl. Ich mag besonders Nüsse.

Wenn die Schokolade fest geworden ist, kannst du sie in mundgerechte Stücke brechen und im Kühlschrank aufbewahren.

Die Schokolade eignet sich schön verpackt auch als Mitbringsel!

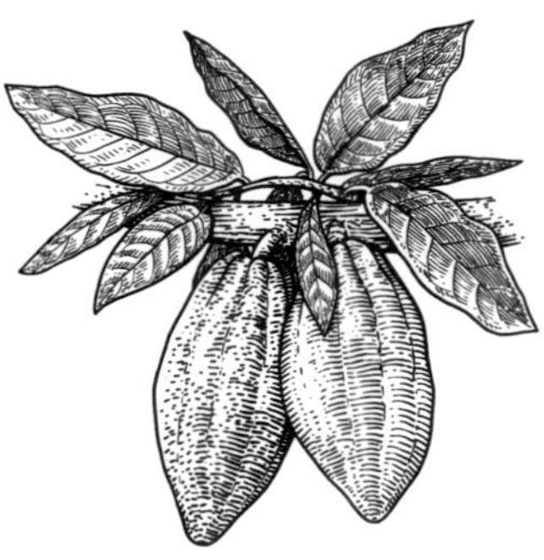

Erforsche die Möglichkeiten

Erforsche die Möglichkeiten

Durch die mächtige Kraft, die in uns wirkt, kann Gott unendlich viel mehr tun, als wir je bitten oder auch nur hoffen würden.

EPHESER 3,20

Wenn du mit Gott lebst, dann gibt es nie einen guten Zeitpunkt, den Kopf in den Sand zu stecken. Immer gibt es etwas Gutes und Spannendes zu entdecken. Wir dürfen das Leben entdecken, wie ein Kind den Weihnachtsmarkt erlebt. Oder einen Freizeitpark – mit offenen, glänzenden Augen und einem staunenden Ausruf auf den Lippen. Selbst wenn das Leben schwer, anstrengend und schmerzhaft ist, haben wir als Kinder Gottes immer mehr als genug Gründe, dankbar und hoffnungsfroh zu bleiben.

Diesen Entdeckergeist, den jedes Kind in sich trägt, dürfen wir wieder hervorholen. Oft ist er verschüttet unter zu vielen Schichten von Verantwortungsgefühl, Kontrolle, Stolz und erwachsenem, von Gott unabhängigem Denken. Wir haben es verlernt zu staunen, einfach zu stromern, das Leben mit allen Sinnen wahrzunehmen. Viel zu oft muss alles erklärbar sein, muss einen Grund und ein Ziel haben. Intensive Gefühle sind uns fast etwas unheimlich.

Und was macht Gott? Er lädt uns in andere Dimensionen ein. Dimensionen des Staunens und des Entdeckens. Himmlische Sphären mit Farben und Wesen, die in unserem Vokabular überhaupt keinen Platz haben. Erlebnisse mit dem Heiligen Geist, die mit dem menschlichen Verstand nicht erklärbar sind. Gebete, die wir mit unserem Kopf nicht nachvollziehen können, die sich aber eins machen mit Gottes Willen. Übernatürliche Heilungen, Visionen, Träume in der Nacht, in denen Gott uns begegnen will.

Es ist an der Zeit, dass wir uns einlassen auf die Abenteuer, die Gott uns schenken möchte. Dass wir unser Herz ganz weit machen und über unseren Tellerrand hinausschauen. Jahrzehnte in Sicherheit und Wohlstand haben uns bequem gemacht, auch geistlich. Wir haben die tiefe innerliche Sehnsucht verloren, mehr von Gott haben zu wollen. Mehr von Gott zu brauchen!

Die letzten Jahre haben uns in vielerlei Hinsicht gezeigt, dass das, was in der letzten Season ausgereicht hat, nun nicht mehr als ein dünnes Rinnsal Wasser mitten in der Wüste ist. Wir brauchen mehr. Wir brauchen die Wasserfluten, die von Gottes Thron rauschen, wir brauchen das Unerklärbare, das Übernatürliche. Wir brauchen Begegnungen mit Gott, die alles auf den Kopf stellen, und wir brauchen demütige Herzen, die bereit sind, sich für all das zu öffnen.

Willst du mehr? Willst du entdecken, was Gott für dich vorbereitet hat? Willst du in die Tiefen von Gottes Gegenwart eintauchen, den Grund unter den Füßen verlieren und dich diesem „Kontrollverlust" deines Verstandes ganz hingeben?

Jenn Johnson hat ein wunderbares Lobpreislied geschrieben,[4] das mich sehr bewegt und gut zu diesem Thema passt. Höre es dir einmal an! Hier ein kurzer Ausschnitt aus dem Text:

Würdest du mich zurück an den Ort bringen
Wo mein Herz sich nur um dich drehte
Und alles, was ich wollte, war einfach bei dir zu sein
Komm und tu was immer du willst
Weiter und weiter
Entfernt sich mein Herz vom Ufer
Wie auch immer es aussehen mag
Was auch immer kommen mag, ich bin dein
Weiter und weiter
Mein Herz entfernt sich vom Ufer
Wie es auch aussehen mag
Was auch immer kommen mag, ich bin dein.

Lässt du dich rufen in das tiefe Wasser? Bist du bereit, in Gottes endloser Liebe unterzugehen und all das zu entdecken, was er für dich vorbereitet hat?

Für dein Herz

Was auch immer kommen mag, ich bin dein.

Entspannungsübung

Starte mit der Atemübung.

Setze dich aufrecht hin und achte darauf, wie dein Atem fließt. Wenn du innerlich ruhig geworden bist, dann lege deine Hände geöffnet auf deine Beine oder neben deinen Körper – als Zeichen dafür, dass du loslässt und bereit bist zu empfangen.

Lege nun deine Hände auf deine Brust. Nimm wahr, wie sich dein Brustkorb mit jedem Atemzug hebt und senkt. Verweile hier und spüre, wie dein Atem langsam ruhiger und gleichmäßiger wird.

Sprich in Gedanken beim Einatmen:

Ich lasse los …

Sprich in Gedanken beim Ausatmen:

… und empfange dich.

Meditation

Mein geliebtes Kind,

oh, wenn du wüsstest, welche Gedanken ich über dich habe! Wenn du nur wüsstest, was ich alles für dich in meinem Herzen trage. Ich warte auf dein Ja, dass ich anfangen kann, meine Geheimnisse mit dir zu teilen. Ich warte auf deine Bereitschaft, wie ein Kind zu werden und mit einer staunenden Einstellung durch das Leben zu gehen.

Gib deinen Willen Gott! Denn wer ihn aufgegeben, derselbe führt allein ein königliches Leben.

ANGELUS SILESIUS

Das, was ich dir schenken möchte, kannst du mit deinem menschlichen Verständnis nie ganz begreifen. Es ist immer mehr, als du dir erträumen oder erhoffen könntest. Es ist immer himmlisch inspiriert, ich wähle Wege und Mittel, die du gar nicht kennst.

Ich lade dich ein, mein geliebtes Kind, mir auf dem Wasser zu folgen und zu spüren, wie dich die unwirklichsten Fundamente tragen. Ich lade dich ein, mir in die Wüsten zu folgen, dass du meine Stimme hören kannst. Ich lade dich ein, meinen Anweisungen Folge zu leisten, und du wirst erleben, wie Wasser aus dem Felsen kommt und Wasser in der Wüste fließt. Du wirst sehen, wie Blumen auf kargem Land aufsprießen. Du wirst erfahren, wie ich dich mit allem versorge, was du brauchst.

Mache dich auf! Folge mir! Höre meine Stimme, wie ich dich rufe.

Meine Wege sind höher als deine. Meine Gedanken sind andere als deine. Vertraue mir und folge mir! Lass dich von mir leiten und führen. Ich bin dein guter Hirte. Ich führe dich an frische Wasserbäche. Ich lass dich auf saftigen Wiesen weiden.

Ich bin dein Ruheort. Dein Friedefürst. Schau nur auf mich! Nicht auf deine Umstände. Wind und Wellen müssen mir gehorchen. Du kannst dich ruhig schlafen legen, denn ich bin bei dir.

Entdecke ganz neu, was ich für dich vorbereitet habe. Gib dich nicht mit weniger zufrieden, wenn du das haben kannst, was ich dir schenken möchte. Schmecke und sehe, dass ich gut bin. Öffne deinen Mund, ich will ihn mit guten Dingen füllen. Ich bin der Vater des Lichts, lass mein Licht in deine Dunkelheit scheinen. Lass mich dir den Weg zeigen, den du gehen sollst. Folge mir Schritt für Schritt und ich will dich in weites Land führen.

Lies die Zusprüche deines Vaters nach!
Epheser 3,20 / 2. Mose 17,1 / Jesaja 35 / Jesaja 55,8 / Jesaja 9,5 / Psalm 31,9

Reflektiere

Über was hast du in letzter Zeit gestaunt?

Was hält dich zurück, Gott kindlich zu vertrauen und zu entdecken, was er für dich vorbereitet hat?

Was macht es mit dir, wenn Gott dich herausfordert, deine Kontrolle an ihn abzugeben?

Das hat Gott zu mir gesprochen:

Werde praktisch

Wenn Gott uns auf die Reise mitnimmt, wieder wie ein Kind zu leben, zu staunen und zu empfangen, muss oft viel „erwachsener Ballast“ abgeworfen werden. Wir geben unser Recht auf, verstehen zu müssen. Wir lernen, wieder Gefühle zuzulassen und tief wahrzunehmen. Wir fangen wieder an zu staunen. Das ist ein Prozess, der nicht über Nacht stattfindet. Unser Stolz und unsere Errungenschaften stehen oft im Weg, wenn wir uns nach kindlichem Glauben ausstrecken.

Beobachte (deine) Kinder. Wie essen sie? Wie lachen sie? Wie spielen sie? Wie weinen sie?

Erlaube dem Heiligen Geist, dein Herz zu berühren und die harten Krusten wegzunehmen, die sich im Laufe des Erwachsenwerdens angesammelt haben. Krusten des Stolzes, Verletzungen, Abgeklärtheit oder humanistisches Denken.

Verbringe viel Zeit im Lobpreis, blicke auf Jesus und lass dein Herz mit Ehrfurcht erfüllen.

Nimm die kleinen Dinge im Leben wieder wahr: Genieße eine Kugel Eis, einfach so. Geh barfuß durchs Gras. Staple Kieselsteine zu einem Turm. Pflücke Blumen und presse sie in einem Buch.

Umgib dich mit Menschen, die dem kindlichen Glauben auch nachgehen und sich danach sehnen, wie ein Kind zu werden.

Wage mutige Schritte

Wage mutige Schritte

Der HERR aber, der selber vor euch hergeht, der wird mit dir sein und wird die Hand nicht abtun und dich nicht verlassen. Fürchte dich nicht und erschrick nicht!

5. MOSE 31,8

✿ ✿ ✿

Das echte Leben fängt außerhalb unserer Komfortzone an. Sobald wir dem Ruf von Jesus folgen, verlassen wir das Kontrollierbare, das Bekannte, das Bequeme. Die eigene Komfortzone zu verlassen, bedeutet, dass wir Opfer bringen und uns ganz von Jesus abhängig machen. Es bedeutet, dass wir nicht alle Antworten haben und unser Leben aus dem Glauben heraus leben. In den letzten Kapiteln haben wir uns intensiv mit Vertrauen beschäftigt, mit dem Leben, dass Gott für uns vorbereitet hat – nun ist es an uns, Schritte zu gehen.

Es wäre ganz wunderbar, wenn Gott uns alle Details unserer Berufung und unseres Weges aufzeigen würde, *bevor* wir losgehen. Doch das tut er nicht. Er gibt uns allermeistens gerade so viel Licht, dass es für die nächsten paar Schritte reicht. Warum macht er das so? Weil er möchte, dass wir in unserem Vertrauen wachsen und mutig das, was wir glauben, auch leben. Im Vorangehen erweist er sich als treu und verlässlich – doch das erfahren wir nie in dem Maß, wenn wir innerhalb unserer Komfortzone verharren.

Deswegen will ich dich heute dazu ermutigen, die ersten Schritte auf dem Wasser zu gehen! Geh einfach los, auch wenn du nicht so recht weißt, wohin die Reise geht. Sobald wir uns in Bewegung setzen, wird Gott uns führen und leiten. Er wird Türen öffnen und schließen. Er wird durch andere Menschen zu uns sprechen. Er wird uns Weisheit schenken. Er wird uns Ratgeber an die Seite stellen. Er wird uns mit seinen Augen leiten. Wichtig ist einfach, dass wir in Bewegung kommen – ein fahrendes Auto lässt sich leichter lenken als ein stehendes.

Wenn wir im Vertrauen auf Jesus vorangehen und es unsere Herzenssehnsucht ist, Gottes Willen zu tun, wird Gott da sein. Selbst wenn wir falsche Entscheidungen treffen oder einen Fehler machen, stehen wir doch unter der Gnade Gottes. Sie ist jeden Morgen neu und jeden Tag dürfen wir uns neu unter seine Führung stellen. Kompliziert wird es nur, wenn wir die Kontrolle an uns reißen und mit unserem menschlichen Verstand unser Leben prägen wollen.

Bist du bereit, die ersten Schritte zu gehen? Wo spürst du schon länger, dass der Herr dich in eine bestimmte Richtung ruft? Oder dir den Auftrag gegeben hat, etwas Bestimmtes auszusprechen oder zu tun? Ordne dich dem Willen Gottes für dein Leben unter und dann mach einfach. Geh einfach los. Es ist wirklich so einfach.

Mutige Schritte im Glauben zu gehen, ist eine Herausforderung. Nicht jeder wird verstehen, warum du losgehst. Es schaut oft lächerlich aus. Manchmal sogar verantwortungslos. Doch der Herr befindet sich ganz oft genau in diesen Momenten, die menschlich gesehen überhaupt keinen Sinn ergeben. Und diejenigen, die sich diesen Momenten ausliefern und Jesus ihr Ja schenken, erfahren das erfüllteste Leben, das es überhaupt gibt.

Für dein Herz

Das echte Leben fängt außerhalb unserer Komfortzone an.

Entspannungsübung

Starte mit der Atemübung.

Setze dich aufrecht hin und achte darauf, wie dein Atem fließt. Wenn du innerlich ruhig geworden bist, dann lege deine Hände geöffnet auf deine Beine oder neben deinen Körper – als Zeichen dafür, dass du loslässt und bereit bist zu empfangen.

Lege nun deine Hände auf deine Brust. Nimm wahr, wie sich dein Brustkorb mit jedem Atemzug hebt und senkt. Verweile hier und spüre, wie dein Atem langsam ruhiger und gleichmäßiger wird.

Sprich in Gedanken beim Einatmen:

Ich empfange …

Sprich in Gedanken beim Ausatmen:

… Leben in Fülle.

Meditation

Mein geliebtes Kind,

ich will dich in weites Land führen. Jede Reise, auf die ich dich rufe, beginnt mit einem Glaubensschritt.

Ich habe gelernt, dass Mut nicht die Abwesenheit von Furcht ist, sondern der Triumph darüber. Der mutige Mann ist keiner, der keine Angst hat, sondern der, der die Furcht besiegt.

NELSON MANDELA[6]

Abraham ging los in neues Land, ohne das Ziel der Reise zu kennen. Gideon ging in den Krieg mit einer viel zu kleinen Armee. David stellte sich einer unmöglichen Schlacht und besiegte den Riesen mit Kieselsteinen. Maria empfing übernatürlich ein Kind und wusste nicht, welche Auswirkungen das auf ihre Verlobung mit Josef haben würde und ihren Platz in der Gesellschaft.

Wenn ich rufe, dann ist es immer ein Ruf aus deiner Komfortzone heraus. Es ist immer ein Laufen auf dem Wasser, ich fordere dich immer zu Glaubensschritten heraus.

Wenn du losgehst, dann wirst du meine Treue erfahren und Wunder erleben. Ich gehe vor dir her und ebne dir den Weg. Ich versorge dich mit allem, was du brauchst, und leite dich mit meiner rechten Hand. Ich schließe und öffne Türen und segne dich mit allen himmlischen Segnungen. Nichts Gutes halte ich zurück und Gnade und Barmherzigkeit sollen dir folgen.

Ich belohne deine Treue und dein Vertrauen. Selbst wenn du im Feuer bist, wirst du nicht verbrennen, und reißende Wasserfluten sollen dich nicht ertränken. Ich bin bei dir alle Tage bis an der Welt Ende! Ich gebe dir Frieden, den die Welt nicht kennt, und durch meine Kraft bist du mehr als ein Überwinder. Was hält dich noch zurück, mir zu folgen?

Steh auf, meine Schöne, und komm. Lass dich nicht länger von Kleinglauben zurückhalten. Denke an das, was ich schon für dich getan habe, und geh mutig voran. Nie will ich dich verlassen oder von dir weichen.

Lass mich Geschichte mit deinem Leben schreiben. Erlaube mir, durch dich zu scheinen und die Welt heller zu machen. Stell dich mir zur Verfügung und du wirst staunen, was ich alles in dir und durch dich tun werde. Mir ist nichts unmöglich!

Lies die Zusprüche deines Vaters nach!
1. Mose 12,1 / Richter 6,33 / 1. Samuel 17 / Lukas 1,26-27 / Psalm 37,5 / 2. Samuel 22,3 / Psalm 73,23 / Johannes 14,27 / Hohelied 2,10 / 5. Mose 31,8

Reflektiere

In welchem Bereich deines Lebens fühlst du dich von Gott herausgefordert, mutige Schritte zu gehen?

Was hat dich bisher davon abgehalten, diese Schritte zu gehen?

Wann bist du schon einmal aus deiner Komfortzone herausgekommen und wie hat sich das für dich angefühlt? Was hast du mit Gott erlebt?

Das hat Gott zu mir gesprochen:

Werde praktisch

Ich will dich dazu ermutigen, dich einfach in Bewegung zu setzen und zu schauen, was dann passiert.

Klopfe an Türen.

Setze dich mit Menschen in Verbindung, schreibe E-Mails, teile dich anderen mit, bitte um Gebet.

Hole dir Ratgeber und bitte Gott um himmlische Weisheit.

Lass konkret für dich und deine Berufung beten.

Schreibe dir prophetische Worte und Eindrücke auf und bete mit ihnen.

Wenn Gott klar gesprochen hat, dann lass dich von nichts und niemanden aufhalten und geh einfach los.

Gib deinem Leben Struktur

Gib deinem Leben Struktur

Denke an ihn, was immer du tust, dann wird er dir den richtigen Weg zeigen.

SPRÜCHE 3,6

Gott ist ein Gott der Ordnung. Vor ihm muss Chaos und Verwirrung weichen. Wenn wir in unserem Leben nicht mehr wissen, wo oben und wo unten ist, dann haben wir wahrscheinlich Gott irgendwann aus dem Sichtfeld verloren. Das bedeutet natürlich nicht, dass Gott Chaos und unübersichtliche Situationen für uns immer gleich wegnimmt. Aber er hilft uns dabei, uns durch diesen Dschungel zu navigieren, im Frieden zu bleiben und Ruhe zu bewahren.

Es ist so wichtig für unsere innere Ruhe, dass wir die Ordnung, die Gott verkörpert, in unser Leben integrieren. Dass wir von ihm lernen, dass wir wissen, in welcher Phase wir stehen, welche Prioritäten wir haben sollen und worum wir uns nicht zu kümmern brauchen.

Ich erlebe es persönlich so, dass Gott mir Ebbe und Flut schickt. Und dass es sehr bedeutsam ist, wenn ich mich diesen Gezeiten anpasse und – um beim Bild zu bleiben – nicht während der Ebbe mit meinem Boot aufs Meer hinausfahre. Oft passt es mir gar nicht, wenn Gott eine Ebbe schickt. Ich wäre viel lieber im Wasser und würde Bewegung unter mir spüren. Aber ich lerne mehr und mehr, mich diesen Gezeiten Gottes zu beugen und mich seiner Ordnung unterzuordnen.

Das lässt sich bis in unseren Alltag runterbrechen. Jeder einzelne Tag soll von Gottes Ordnung bestimmt sein. Dazu ist es wichtig, dass wir zum einen mit uns selbst im Einklang sind und uns regelmäßig fragen, welche Bedürfnisse wir gerade haben und wie es uns geht. Dann natürlich brauchen wir die Verbindung zu Gott und wir dürfen bei ihm die Frage platzieren, was gerade dran ist. Es braucht Mut, um Dinge nicht zu tun, und es braucht Überwindung, die Dinge zu tun, die dran sind. Gott fordert uns dazu heraus, ganz weich und biegsam zu sein, dass wir mit den Gezeiten, mit den aktuellen Anforderungen an uns, mitgehen können und nicht daran zerbrechen.

Gottes Ordnung hat vor allem ein Ziel: Ruhe. Wenn wir in seiner Ordnung für unser Leben stehen, wenn wir seine Grenzen akzeptieren und selbst lernen, gesunde Grenzen zu ziehen, dann zieht Ruhe in unser Leben ein. Ruhe in unsere Gedanken, Ruhe in unsere Beziehungen, Ruhe in unsere Finanzen, Ruhe in unsere Familie usw. Wenn wir ruhig sind, dann können wir auch klar denken. Wenn wir ruhig sind, ist es uns möglich, unsere Kräfte schlau einzuteilen. Wenn wir ruhig sind, brennen wir auch nicht aus.

Ist die eigne Person in Ordnung, so kommt die Familie in Ordnung; ist die Familie in Ordnung, so kommt der Staat in Ordnung; ist der Staat in Ordnung, so kommt die Welt in Ordnung.

LÜ BUWEI

Gottes Ordnung für unser Leben ist wie ein Schutzschild um uns herum. Wir lernen, dass wir uns nicht von äußeren Umständen treiben lassen, sondern dass wir fest verankert in Gott ruhen dürfen. Wie wichtig Gott die Ruhe ist, zeigt sich alleine schon darin, dass Teil von seiner Ordnung regelmäßige Ruhezeiten sind. Wenn ein allmächtiger Gott, der niemals schlummert und niemals schläft, sich eine Ruhezeit gönnt – wie viel mehr brauchen wir das? Diese verlässlich wiederkehrenden Ruhezeiten befeuern unseren Lebensstil der Ruhe, der uns durch die Woche trägt.

Gott liebt es, Ordnung in unser Leben zu bringen. Er liebt es, Ordnung in unsere Gedanken und unsere Emotionen zu bringen. Er ist ein Gott der Ordnung. Empfange seine Ordnung für dich heute ganz neu.

Für dein Herz

Jeder einzelne Tag soll von Gottes Ordnung bestimmt sein.

Entspannungsübung

Starte mit der Atemübung.

Setze dich aufrecht hin und achte darauf, wie dein Atem fließt. Wenn du innerlich ruhig geworden bist, dann lege deine Hände geöffnet auf deine Beine oder neben deinen Körper – als Zeichen dafür, dass du loslässt und bereit bist zu empfangen.

Lege nun deine Hände auf deine Brust. Nimm wahr, wie sich dein Brustkorb mit jedem Atemzug hebt und senkt. Verweile hier und spüre, wie dein Atem langsam ruhiger und gleichmäßiger wird.

Sprich in Gedanken beim Einatmen:

Ich lasse Chaos los …

Sprich in Gedanken beim Ausatmen:

… und trete in deine Ordnung ein.

Meditation

Mein geliebtes Kind!

Als ich Himmel und Erde geschaffen habe, habe ich Ordnung in die Dunkelheit gebracht. Ich habe Formen und Grenzen geschaffen, Gesetzmäßigkeiten, die bis heute gelten. Ich habe vorhersehbare Abläufe eingesetzt, die dir bis heute einen Rahmen schenken, in dem du leben kannst. Ich liebe Ordnung. Ich will für dich einen Raum schaffen, in dem du dich sicher und geborgen fühlen kannst.

Gib mir deine Unordnung. Gib mir dein Chaos. Erlaube mir, dir gesunde Grenzen zu zeigen, die dich beschützen und dich stärken. Lass mich meinen Frieden in deine Unruhe senden und erlebe, wie meine Gegenwart viele Knoten löst. Und selbst wenn deine Umstände schwer auszuhalten sind, kann ich dir doch meine Ruhe und meine Ordnung einpflanzen, die dich festigen und dir helfen dem Druck standzuhalten.

Ich bin ein Gott der Ordnung. Und meine himmlische Ordnung soll in dein Leben einziehen. Meine Gesetzmäßigkeiten sollen deinem Herzen Struktur geben und dich dabei unterstützen, fokussiert leben zu können. Schenke meiner Ordnung Raum in deinem Leben.

Ich möchte, dass du in der Ruhe ankommst. Dass du nicht von Hast getrieben lebst und arbeitest. In mir ist alles, was du brauchst für ein göttliches Leben. Du musst dir nichts selbst erarbeiten oder mir imponieren. Ziehe alle Kraft, die du brauchst, aus mir. Hänge dich an mich, wie eine Rebe am Weinstock hängt. Ich bin alles, was du brauchst! Ich bin dein Ruheort. Ich bin dein Friedefürst. Ich bin dein Grund und Boden.

Wenn du mich an dein Herz heranlässt, dann wirst du erleben, wie ich dich mehr und mehr mit meinem Frieden und meiner Ordnung erfülle. Lass deine Seele ganz still werden vor mir. Lade alles, was dich belastet und beschwert, bei mir ab – ich will dich erfrischen.

Komm zu mir und orientiere dich an mir. Lerne von mir, denn ich bin sanftmütig und von Herzen demütig. Empfange meinen himmlischen Frieden und komm innerlich mehr und mehr ins Gleichgewicht.

Lies die Zusprüche deines Vaters nach!
1. Mose 1 / 1. Korinther 14,33 / Matthäus 11,28-29

Reflektiere

Welcher Bereich deines Lebens braucht mehr Ordnung und Frieden?

Welche Gedanken, die du aktuell hast, stiften in deinem Herzen Unfrieden? Welche Gedanken stiften Frieden?

Jesus ist unser Friedefürst – welche Assoziationen hast du mit dem Frieden, den er bringt? Wie wirkt sich sein Frieden auf dein Leben aus?

Das hat Gott zu mir gesprochen:

Werde praktisch

Wenn in einem Zimmer Unordnung herrscht, dann hilft nur eines: aufräumen. Genau das möchte Gott mit unserem Leben tun, wenn es unordentlich ist. Wir können diesen Prozess des Aufräumens und Ordnungschaffens unterstützen, indem wir Verantwortung für uns selbst übernehmen. Je bewusster wir in der Verantwortung für uns selbst stehen, desto weniger werden uns Umstände bedrängen und aus dem Ruder bringen.

Plane jeden Tag eine bestimmte Zeit für Gebet, Bibellesen, Lobpreis und Stillsein vor Gott ein. Starte mit zehn Minuten und verlängere diese Zeit jede Woche um ein paar Minuten.

Lerne, dir Gutes zu tun.

Lerne, Nein zu sagen.

Lerne, gesunde Grenzen zu setzen und Zeiträuber aus deinem Leben zu entfernen, zum Beispiel ungute Beziehungen, Handyzeit, Social Media etc.

Strukturiere deinen Tag auf eine gute Art und Weise, die dir Frieden schafft, zum Beispiel mit diesen regelmäßigen Elementen: Aufstehen, Essenszeiten, Bibellesen, Sport, Zeit in der Natur, Familienzeit ...

Reflektiere über deinen Tag und halte fest, was gut lief und was noch verbessert werden muss.

REZEPT

Nachmittagscocktail

Wenn Chaos herrscht, tut es gut, mittendrin innezuhalten und sich gedanklich und körperlich etwas abzukühlen. Da kommt ein erfrischender Nachmittagscocktail ganz gelegen!

ZUTATEN

1-2 Teebeutel Hibiskustee
100 ml Sahne oder Kokosmilch
1-2 TL Honig oder Ahornsirup
Eiswürfel

SO GEHT'S!

Brühe den Tee mit ca. 150 ml kochendem Wasser auf.

Lass ihn ziehen und abkühlen.

Gieße dann die Sahne oder die Kokosmilch dazu.

Rühre den Honig oder den Ahornsirup unter.

Mit Eiswürfeln servieren.

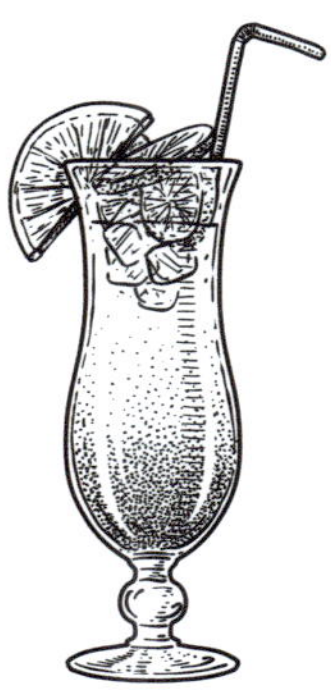

Wie ein Kind

Wie ein Kind

In ihm liegen verborgen alle Schätze der Weisheit und der Erkenntnis.

KOLOSSER 2,3

Ich liebe es zu beobachten, dass Kinder jeden Tag wie ein Abenteuer erleben und in jedem noch so unscheinbaren Ding etwas Spannendes erkennen können. Ich kann mich an meine eigene Kindheit erinnern und daran, wie eine normale Wiese zum Spielplatz wurde, eine Hecke zum magischen Versteck und Kieselsteine zu Juwelen. Ich kann mich an dieses innere Staunen erinnern, wenn am Morgen die Sonne durch die Jalousie schien und Muster an die Wand malte.

Ich glaube, dass Gott geplant hat, dass wir genau so durchs Leben gehen. Voller Staunen und Dankbarkeit, Fantasie und Kreativität. In meiner Kindheit ist Tschernobyl passiert und der Kalte Krieg bedrohte die Welt – aber ich war als Kind in einer geborgenen Welt und hatte keine Angst. Ähnlich können wir als Kinder Gottes das Leben erleben. Inmitten einer Welt, die krank ist, können wir Gottes Wunder erfahren und Schönheit entdecken.

Das bedeutet nicht, dass wir uns abschotten und alles um uns herum ignorieren. Wir sind als Christen dazu berufen, Licht in die Dunkelheit zu bringen, und dazu müssen wir in die Dunkelheit gehen. Es bringt überhaupt nichts, wenn wir uns in unseren Gottesdienstsälen einsperren und die Welt da draußen nicht wahrnehmen. Das andere Extrem wäre, sich dem Schmerz der Welt so auszusetzen, dass man selbst deprimiert und hoffnungslos wird. Es gibt einen Mittelweg.

Gott ruft uns nicht umsonst dazu auf, wie die Kinder zu werden. Wir dürfen Verantwortung an ihn abgeben, wir müssen uns nicht um alles kümmern, wir dürfen wissen, dass wir bei unserem himmlischen Vater geborgen sind und dass er sich um alles kümmert, was wir brauchen. Je mehr Zeit wir an diesem Ort der Geborgenheit verbringen, desto mehr können wir mit dem Schmerz der Welt umgehen und ihm begegnen– weil wir bei Gott Antworten und Lösungen empfangen. Wir helfen aber nicht aus Schuld oder Scham heraus, sondern überfließen, weil wir in der Liebe gegründet sind.

In ihm liegen verborgen alle Schätze der Weisheit und der Erkenntnis. Wir leben mit einer kindlichen Unbeschwertheit und der tiefen Gewissheit, dass unser Gott alles unter Kontrolle hat. Aus dieser Stärke heraus können wir uns Schmerz und Tod und Angst stellen und Licht im Dunkeln sein.

Kindliche Leichtigkeit, gepaart mit einem reifen Blick auf die Geschehnisse um uns herum und in die Welt, angetrieben von einer göttlichen Liebe – das ist unschlagbar! Gott lädt uns ein, wie Kinder unser Leben mit ihm zu entdecken und zu genießen. Keinem ist geholfen, wenn wir uns desillusioniert und angstvoll zurückziehen.

Gott will sein Herz mit uns teilen und uns in himmlische Geheimnisse einweihen. Er möchte unseren Verstand sprengen und uns in tiefere Gemeinschaft mit ihm führen. Er möchte, dass wir seine Schöpfung genießen und uns Ruhe gönnen. Er will, dass wir Leben in Fülle haben.

Für dein Herz

Wenn wir wie ein Kind leben, dann ist das Leben nicht länger bedrohlich.

Entspannungsübung

Starte mit der Atemübung.

Setze dich aufrecht hin und achte darauf, wie dein Atem fließt. Wenn du innerlich ruhig geworden bist, dann lege deine Hände geöffnet auf deine Beine oder neben deinen Körper – als Zeichen dafür, dass du loslässt und bereit bist zu empfangen.

Lege nun deine Hände auf deine Brust. Nimm wahr, wie sich dein Brustkorb mit jedem Atemzug hebt und senkt. Verweile hier und spüre, wie dein Atem langsam ruhiger und gleichmäßiger wird.

Sprich in Gedanken beim Einatmen:

Ich will entdecken ...

Sprich in Gedanken beim Ausatmen:

... was du für mich hast.

Meditation

Mein geliebtes Kind,

ich habe noch so viel mehr für dich. Erkennst du es nicht? Ich bereite Ströme in der Wüste für dich vor. Blumen, wo vorher Dürre geherrscht hat. Ich will mein Herz mit dir teilen und dich mit in die Geheimnisse des Himmels nehmen.

Die meisten Menschen legen ihre Kindheit ab wie einen alten Hut. Sie vergessen sie wie eine Telefonnummer, die nicht mehr gilt. Früher waren sie Kinder, dann wurden sie Erwachsene, aber was sind sie nun? Nur wer erwachsen wird und ein Kind bleibt, ist ein Mensch.

ERICH KÄSTNER[7]

Ich wünsche mir für dich, dass du wie ein Kind staunend durch das Leben gehst, weil ich überall Zeichen meiner Güte hinterlasse. Zeichen meiner Treue und meiner Liebe. Ich habe dich mit Schönheit umgeben! Auch wenn dein Leben schmerzt und du keinen Ausweg siehst, bin ich da. Meine Barmherzigkeit ist jeden Morgen neu. Jeder Tag ist ein Neuanfang und ein Beweis meiner Treue.

Erlaube meinem Geist, die Schalen der Abgeklärtheit, die du um dein Herz gelegt hast, Schicht für Schicht wegzunehmen. Erlaube mir, dein Herz neu mit Staunen und Wundern zu füllen. Du musst nicht alles verstehen. Du musst nicht alles kontrollieren. Öffne deine Hände und lass los! Werde wie ein Kind. Schau alles so an, als würdest du es das erste Mal sehen. Vertraue mir, deinem Vater, dass ich es gut mit dir meine.

Genieße meine Nähe. Genieße meine Liebe. Lehne dich einfach zurück und lass dich von mir halten. Spüre, dass du bei mir sicher bist. Nichts und niemand kann dich von meiner Liebe trennen. Ich bin für dich – wer kann gegen dich sein? Mein Ja zu dir ist unerschütterlich. Schon vor Anbeginn der Zeit habe ich dich erwählt. Du bist mein. Ich habe dich je und je geliebt und dich zu mir gezogen aus lauter Güte.

Lass deine Wurzeln tief in mein Herz hineinwachsen. Ich will dein Urvertrauen heilen und stärken. Du sollst ohne Furcht durch das Leben gehen, denn meine Liebe vertreibt alle Furcht.

Wo mein Geist ist, da ist Freiheit, und Freiheit soll dein Leben prägen. Deine Gedanken, deine Gefühle, dein Tun – ich spreche Freiheit über dir aus! Denke an ein Kind, das lachend über eine Wiese rennt. So eine Freiheit möchte ich für dich. Du darfst lachen und unbeschwert sein, weil ich, dein Gott, an deiner Seite bin.

Lege alles ab, was dich belastet. Ich will dich erfrischen und dich neu aufbauen. Entdecke dein Kindsein, entdecke deine Identität als meine Tochter. Ich liebe dich.

Lies die Zusprüche deines Vaters nach!
Jesaja 43,19 / Jesaja 35,3 / Amos 3,7 / Klagelieder 3,23 / Psalm 27,1 / Römer 8,39 / Jeremia 31,3 / 1. Johannes 4,18 / 2. Korinther 3,17 / Matthäus 11,28

Reflektiere

Was bedeutet es für dich, ein Kind Gottes zu sein?

Wie kannst du deine Identität als Sohn/Tochter Gottes noch mehr ausleben?

In welchem Bereich ist dein Urvertrauen verletzt? Wo kannst du Gott nicht vertrauen?

Das hat Gott zu mir gesprochen:

Werde praktisch

Das Leben trainiert uns so viel falsche Verhaltensweisen an, die sich zwar „erwachsen" und „reif" anfühlen, uns aber in Wirklichkeit von Gottes Vaterherz abhalten. Geistlich zum Kind zu werden ist ein Prozess, der ein demütiges Herz voraussetzt.

Lege allen Stolz und allen Hochmut vor Gott ab.

Übergib dem Heiligen Geist die Kontrolle für dein Leben.

Übe dich im Staunen. Nimm kleine Alltagswunder wahr. Vielleicht malst du ein Bild oder sammelst Kastanien? Erinnere dich daran, was du als Kind gerne getan hast, und lass es wieder aufleben.

Bitte Gott, dass er dir die Augen öffnet für seine Herrlichkeit. Bitte ihn, dass er dich lehrt zu staunen und anzubeten.

Gib dein Recht auf Verstehen ab.

Beschäftige dich mit dem Himmel, denke darüber nach, lies Bibelstellen, die den Himmel beschreiben.

Sensibilisiere deine Sinne für Gottes Reden. Übe dich darin, seine Gegenwart immer wahrzunehmen. Du wirst ihn überall entdecken.

Entdecke den Segen

Entdecke den Segen

Gelobt sei Gott, der Vater unseres Herrn Jesus Christus, der uns gesegnet hat mit allem geistlichen Segen im Himmel durch Christus.

EPHESER 1,3

Wir sind über alle Maßen gesegnet. Nur leider vergessen wir das oft im Alltag. Wir sind so eingenommen von dem, was wir nicht haben oder was uns Schlimmes widerfahren ist. Wir tendieren dazu, unseren Fokus auf das zu richten, was nicht gut läuft, und können oft nur so schwer das Gute empfangen, das Gott für uns bereithält. Oft haben wir auch eine genaue Vorstellung davon, wie wir gesegnet sein wollen und was Gott uns schenken soll, dass wir die Geschenke leicht übersehen, die anders verpackt bei uns ankommen, als wir uns das vorgestellt haben. Dann wundern wir uns, warum wir uns so leer und übersehen fühlen.

Da ist immer Segen um uns herum. Immer. Wir müssen unsere Sinne nur trainieren, diesen Segen auch wahrzunehmen. Und wir müssen uns innerlich bereit machen, Gottes Segen zu empfangen. Gottes Segen ist im Hier und Jetzt zu finden. Nicht im Gestern und (noch) nicht im Morgen. Es ist so wichtig, dass wir lernen, in der Gegenwart anzukommen und unser Leben jetzt in diesem Moment wahrzunehmen. Wenn wir immer in der Vergangenheit hängen oder nur an die Zukunft denken, verpassen wir den Segen, der im Hier und Jetzt zu uns kommen will. Was hält dich in der Vergangenheit? Warum blickst du sorgenvoll in die Zukunft?

Um den Segen Gottes zu empfangen, brauchen wir leere Hände und einen wachen Geist. So oft sind wir abgestumpft durch zu viel Social-Media-Konsum, zu viele weltliche Nachrichten, zu viel irdischen Komfort. Unser Geist wird träge und unser Herz kalt und hart. Wir brauchen den Heiligen Geist, der uns dabei hilft, unseren Fokus neu auf Jesus zu richten, egal, was hinter und vor uns liegt. „Heute, wenn ihr seine Stimme hört, verhärtet eure Herzen nicht", heißt es im Psalm 95. Gott will dir *heute* begegnen. Ganz frisch, ganz neu und vielleicht auch auf ganz unerwartete Weise.

> *Die Frage ist: Schaffen wir den Raum, wo Gott uns begegnen und segnen kann? Oder sind wir so sehr auf alles Vergängliche ausgerichtet, dass wir nicht wahrnehmen können, was Gott heute tun und sagen möchte?*

Gott sucht nach Menschen, die ihn in der Wahrheit und im Geist anbeten. Die ihn über alles andere stellen und bereit sind, Opfer zu bringen, um ihn anzutreffen im Hier und Jetzt. Wo wir uns selbst, unsere Wünsche und Hoffnungen zu den Füßen von Jesus legen, ist der Ort, wo Segen fließt.

Suche Gott, geh ihm nach, stell dich ihm zur Verfügung. Öffne dein Herz, lies sein Wort und schaffe diesen Raum, wo Begegnung möglich ist. Deine Augen werden sich öffnen und überall den Segen entdecken, den Gott für dich bereithält!

Für dein Herz

Um den Segen Gottes zu empfangen, brauchen wir leere Hände und einen wachen Geist.

Entspannungsübung

Starte mit der Atemübung.

Setze dich aufrecht hin und achte darauf, wie dein Atem fließt. Wenn du innerlich ruhig geworden bist, dann lege deine Hände geöffnet auf deine Beine oder neben deinen Körper – als Zeichen dafür, dass du loslässt und bereit bist zu empfangen.

Lege nun deine Hände auf deine Brust. Nimm wahr, wie sich dein Brustkorb mit jedem Atemzug hebt und senkt. Verweile hier und spüre, wie dein Atem langsam ruhiger und gleichmäßiger wird.

Mehr ist ein Segen als zehntausend Kronen.

ANNETTE VON DROSTE-HÜLSHOFF

Sprich in Gedanken beim Einatmen:

Ich nehme mir Zeit …

Sprich in Gedanken beim Ausatmen:

… für eine Begegnung mit dir.

Meditation

Mein geliebtes Kind,

ja, ich will dir begegnen und dich segnen. Ich habe so viel mehr für dich, als du nur erbitten oder erträumen kannst. Es mag anders aussehen, als du dir das gedacht hast, aber ich will nur das Beste für dich! Gib dich nicht mit weniger zufrieden.

Deine Augen suchen so oft nach dem Guten und dem Schönen und du suchst an Orten, wo du es nicht finden wirst. Aller Segen ist in mir verborgen und du wirst den Segen entdecken, wenn du mich suchst. Wer mich sucht, wird mich finden. Ich spiele kein Versteckspiel. Ich will mich von dir finden lassen und ich will dich segnen.

Deine Hände halten so viel fest, was ich schon längst aus deinem Leben entfernen wollte. Solange du daran festhältst, kannst du nicht das empfangen, was ich für dich bereitet habe. Würdest du deins loslassen? Bist du bereit, mit leeren Händen zu mir zu kommen? Ich will dich beschenken mit dem, was ewig bleibt, und deinen Becher überfließen lassen.

Wende dich nicht von mir ab. Ich will dir in deiner Enttäuschung und Frustration begegnen. Meine Wege sind höher als deine Wege. Vertraue mir! Der Weg, auf den ich dich führe, wird dich reifen lassen. Ich will deinen Glauben stärken und dich standfest machen. Ich will deinen Geist für mein Reden und Tun sensibilisieren und dein Herz weich und formbar machen.

Ich bin der Töpfer und du bist der Ton. Lass mich dich formen. Lass mich mit dir arbeiten. Ich habe dich im Blick und weiß schon, wie das fertige Kunstwerk aussehen wird. Der Prozess ist oft anstrengend und schlammig. Aber meine liebenden Hände formen dich.

Ich will dich segnen! Empfange meinen Segen! Leere deine Hände, öffne deinen Geist und dein Herz. Begegne mir im Hier und Jetzt, schaffe einen Freiraum, wo du meine Gegenwart genießen kannst. Der Weg ist frei, der Vorhang ist zerrissen. Du kannst vor den Gnadenthron kommen, du kannst in himmlische Dimensionen vordringen – nichts ist unmöglich. Nichts! Glaubst du meinem Wort?

Meine Augen suchen nach Menschen, die sich in die Anbetung hineingeben. In die Suche nach meinem Angesicht. Lässt du dich rufen? Lässt du dich segnen?

Lies die Zusprüche deines Vaters nach!
4. Mose 4,26 / Epheser 3,20 / Matthäus 7,7 / Römer 9,21 / Hebräer 4,16 / Lukas 1,37 / Johannes 4,23

Reflektiere

Worin liegt der Schlüssel, Segen bewusst und im Überfluss empfangen zu können?

Worauf liegt dein Fokus – auf dem Segen oder auf dem Mangel? Schreibe auf, was dein Geist schnell wahrnimmt, und arbeite dann an deinem Fokus.

Meditiere über Psalm 16,2: „Ich habe zum Herrn gesagt: Du bist mein Herr, mein Glück finde ich allein bei dir." Kannst du das zu Gott sagen?

Das hat Gott zu mir gesprochen:

Werde praktisch

Segen ist in Gottes Königreich ein Kreislauf (1. Mose 2,2). Segen soll immer weiter zu anderen hinfließen. Wenn wir gesegnet werden, dann immer mit der Intention, dass dieser Segen auch anderen zuteilwird. Wenn du Segen treu weitergibst, dann kannst du selbst wiederum mehr Segen empfangen. Das ist ein ganz natürlicher Prozess (Lukas 16,10).

Gib etwas von der Versorgung ab, die du durch Gott erfährst.

Wenn du mit einem besonderen Insight in Gottes Wort gesegnet bist, dann lehre andere.

Wenn du handwerklich gesegnet bist, dann unterstütze Menschen, die in diesem Bereich Unterstützung brauchen.

Wenn du mit einem schönen Zuhause gesegnet bist, dann lade andere zu dir nach Hause ein oder öffne dein Haus für eine Familie, wenn du selbst verreist bist.

Wenn du zwei Autos hast, von dem du eines nicht so häufig brauchst, dann verschenke dein zweites oder leihe es aus.

Es gibt so viele verschiedene Möglichkeiten, Segen zu empfangen und dann auch weiterzugeben. Segen ist immer auch eine Verantwortung anderen gegenüber und eine wunderbare Möglichkeit, das großzügige Vaterherz Gottes ganz praktisch zu demonstrieren.

Staune & danke

Staune und danke

Seid immer fröhlich. Hört nicht auf zu beten. Was immer auch geschieht, seid dankbar, denn das ist Gottes Wille für euch, die ihr Christus Jesus gehört.

1. THESSALONICHER 5,16-18

✣ ✣ ✣

Ein ganzer Monat ist vergangen! Ich blicke zurück auf so viele verschiedene Impulse, Gedankenanstöße, Gottes liebende Stimme, Verheißungen aus seinem Wort.

Gott möchte uns jeden Tag begegnen. Er möchte, dass es uns gut geht, dass wir fröhlich sind. Er will uns Trauer, Angst und Scham abnehmen und unseren Geist erfrischen. Er möchte, dass wir uns als komplexes Geschöpf wahrnehmen, das aus einem sensiblen Gleichgewicht aus Körper, Seele und Geist besteht. Er zeigt uns, wie wir auf unsere Bedürfnisse hören lernen.

Gott möchte, dass wir in die Ruhe kommen, dass wir ankommen. Dass wir uns nicht durch Umstände hin und her werfen lassen, sondern das Wunder des Lebens jeden Tag neu entdecken. Er will, dass wir unsere Identität als Sohn und als Tochter annehmen und darin leben. Jeden Tag aufs Neue!

Gott ist kein Wellness-Gott. Es geht nicht nur um Wohlfühlmomente. Aber es geht darum, dass wir seine Liebe, die stärker ist als der Tod, in unseren ganz normalen Alltag integrieren. Dabei können wir auch lernen, uns Gutes zu tun, seine Liebe für uns selbst spürbar und erlebbar zu machen. Es geht darum, ein weiches Herz zu bekommen, das gerne genießt und dadurch so viel angenehmer für unser Umfeld wird.

Gott ist ein Gott des Lebens! Des Feierns! Des guten Essens! Ein Gott, der Genussmomente schenkt. Ein Gott, der ein Hochzeitsmahl für uns vorbereitet.

Gott ist ein Gott, der mitten im Leid und im Schmerz präsent ist. Der nichts wegleugnet oder schönredet. Ein Gott, der besonders denen nahe ist, die zerbrochenen Herzens sind. Es geht nicht nur um Wohlfühlmomente, es geht um Frieden, der alles Verstehen übersteigt. Wellness ist nur ein Pflaster auf einer Wunde, Gottes Frieden dringt in jede Ritze unseres Seins mit einem heilenden Balsam.

Dankbare Menschen sind wie fruchtbare Felder. Sie geben das Empfangene zehnfach zurück.

AUGUST VON KOTZEBUE

Wir dürfen Frieden atmen. Ein und aus. Immer wieder. Jeder Atemzug ist ein Fest, ein Grund zur Dankbarkeit. Gott ist gegenwärtig, lasset uns anbeten und in Ehrfurcht vor ihn treten. Heute, morgen und in alle Ewigkeit.

Für dein Herz

Wellness ist nur ein Pflaster auf einer Wunde, Gottes Frieden dringt wie ein heilender Balsam in jede Ritze unseres Seins.

Entspannungsübung

Starte mit der Atemübung.

Setze dich aufrecht hin und achte darauf, wie dein Atem fließt. Wenn du innerlich ruhig geworden bist, dann lege deine Hände geöffnet auf deine Beine oder neben deinen Körper – als Zeichen dafür, dass du loslässt und bereit bist zu empfangen.

Lege nun deine Hände auf deine Brust. Nimm wahr, wie sich dein Brustkorb mit jedem Atemzug hebt und senkt. Verweile hier und spüre, wie dein Atem langsam ruhiger und gleichmäßiger wird.

Sprich in Gedanken beim Einatmen:

Ich danke dir …

Sprich in Gedanken beim Ausatmen:

… für mein Leben.

Meditation

Mein geliebtes Kind,

bleibe nah an mir. Wenn du zu mir kommst, komme ich auch zu dir. Wie ein Magnet ziehen wir uns an. Suche mich und ich werde mich von dir finden lassen. Klopfe an und ich werde die Tür öffnen. Bete und du wirst eine Antwort bekommen! Ich stehe zu meinem Wort. Ich ändere mich nicht. Ich bin derselbe gestern, heute und in Ewigkeit.

Du hast Zugang zu allen himmlischen Segnungen. Du hast Zugang zu meinem Gnadenthron. Da ist so viel Segen, den du noch nicht entdeckt hast! Suche mich und du wirst gesegnet sein! Bitte mich um Weisheit und ich will dir Weisheit schenken. Freue dich an mir und ich will dir geben, was dein Herz wünscht. Ich bin dein ganzes Glück, alles andere wird dich suchend und enttäuscht zurücklassen.

Da ist noch so viel mehr. Bist du bereit? Atme meinen Frieden. Komm in meine Gegenwart. Lass dich von mir beschenken und überraschen. Denke daran: Meine Wege sind höher als deine Wege.

Lass uns gemeinsam nach vorne gehen. Ohne Furcht, ohne Scham. Ich habe dich für die Freiheit befreit und du sollst nicht länger in Knechtschaft leben. Deine Fesseln sind durchtrennt und deine Schuld ist vergeben. Empfange meine Gnade und gehe mutig voran! Ich bin bei dir –bis ans Ende der Welt und in Ewigkeit!

Lies die Zusprüche deines Vaters nach!
Jakobus 4,8 / Jeremia 29,13 / Matthäus 7,7 / Jakobus 4,2 / Hebräer 13,8 / 1. Mose 2,2 / Jakobus 1,5 / Psalm 37,4 / Galater 5,13

Reflektiere

Was hat sich beim Lesen des Buches in deiner Wahrnehmung Gott gegenüber verändert?

Welche deiner Bedürfnisse nimmst du besser wahr?

Nenne drei Dinge, die du weiterhin in deinen Tagesablauf integrieren möchtest:

Das hat Gott zu mir gesprochen:

Werde praktisch

Dieses Buch ist zu Ende, aber deine Reise als Tochter Gottes ist es nicht. Es geht weiter! Und dieses Buch kann dir auch weiterhin ein wertvoller Begleiter sein. Wenn du magst, dann fange im neuen Monat einfach wieder von vorne an. Ich bin mir sicher, dass der Heilige Geist immer wieder neue Dinge für dich highlighten wird. Außerdem kannst du so am Ball bleiben:

Integriere ruhige Momente in deinen Alltag: zum Beispiel mit christlichen Meditationen, lies Gedichte oder höre klassische Musik. Du kannst auch einfach mal aus dem Fenster schauen.

Übe dich im Sprachengebet. Auf diese Weise macht es Gott uns möglich, jederzeit zu beten. Lass es im Hinterkopf ablaufen; du musst dabei deinen Verstand nicht anstrengen. Wenn du das Sprachengebet noch nicht empfangen hast, dann bitte Gott darum! Beim Sprachengebet geht es hauptsächlich darum, dass wir innerlich auferbaut werden und uns mit Gottes Willen eins machen.

Führe ein Tagebuch.

Verbringe Zeit mit Menschen, die dich im Glauben anfeuern und für dich beten.

Ich wünsche dir, dass du mehr und mehr Gottes Frieden atmen kannst. Voller Ruhe und voller Zuversicht!

Anmerkungen

1 https://mostlovelythings.com/diy-hand-cream-essential-oils/, zuletzt aufgerufen am 05.10.2022.

2 https://acultivatednest.com/homemade-whipped-body-butter/#_a5y_p=3908280, zuletzt aufgerufen am 07.10.2022.

3 https://www.cnbc.com/2020/08/21/simple-trick-that-can-make-you-happier-according-to-research.html#:~:text=According%20to%20a%20recent%20study,into%20thinking%20you're%20happy., zuletzt aufgerufen am 07.10.2022.

4 Songwriters: Jenn Louise Johnson / John-Paul Gentile, In Over My Head (Crash Over Me), lyrics © Bethel Music Publishing.

5 Zitiert in der Ansprache des damaligen Bundespräsidenten Richard von Weizsäcker vor beiden Häusern des Parlaments im House of Parliament 1986 in London; https://www.bundespraesident.de/SharedDocs/Reden/DE/Richard-von-Weizsaecker/Reden/1986/07/19860702-Rede-vor-beiden-Haeusern-des-Parlaments-im-House-of-Parliament.html (letzter Aufruf: 07.10.2022).

6 Zitiert in Nelson Mandela: Der lange Weg zur Freiheit. Fischer Taschenbuch 1997.

7 Erich Kästner: Ansprache zum Schulbeginn. Gesammelte Schriften für Erwachsene. Band 7. München/Zürich 1969, S. 180-184.